はじめに

　平成2年7月20日に株式会社テクネットから発行した岡田哲・田中剛共著「コンクリート建物のひびわれ」は，同社が出版業務を廃止したため数年で絶版となっていましたが，この本を購入したいのだが，あるいは改訂版は出ないのかとのお問合せがあり，それらのご要望にお応えするために，株式会社テクネットおよび株式会社建築技術のご好意により，この度，株式会社建築技術から改訂版を発行するはこびとなりました。

　当初は復刻版で，とも考えましたが，読み直してみると，加筆したい部分がかなりあるため，設問も8問ほど増やして，改訂版として発行することにしました。

　構成と内容は初版本とあまり変わりませんが，少しはより分かりやすいものになったのではないかと思います。

　コンクリート建物のひびわれは，極めて難しい問題であると言われる一方で，「私が工事監理した建物はひびわれなど生じたことがない」あるいは，「コンクリートの配合と施工をしっかりすればひびわれは生じない。ひびわれ誘発目地など不要だ」と言う声も聞こえます。これらはそれぞれの経験において正しく，少なくとも不具合につながるようなひびわれは生じなかったのだと思います。ただ考えられることは，これらの経験をなされた方々は，恐らくその携わられた建物の設計が，コンクリートの配合と施工をきちんとすれば，ひびわれが生じない，すなわち意図的にあるいは偶然にひびわれが生じにくい設計になっていたためであろうと考えられます。

改めて，初版本のまえがきの一部を掲載します。

　本書では，束ねられる対策一つひとつについての解説と，束ね方（対策の組み合わせ方）のヒントについて述べようと思います。実際にはこれらの応用によることになります。体系的に対策を束ねる方法も考えてはみましたが，それをすべての建物について当てはめるには無理があり一律には決められません。建物を設計する段階で，個々の建物にそれぞれ個々の束ね方，すなわち建物ごとのひびわれ対策方針が生まれてくるものと思います。またその方針を理解して施工することが重要です。対策の一つを変更しただけで，全体のひびわれ対策が全く効かなくなるなどということも起こり得ることです。

　本書が読者諸氏のお役に立てば幸いです。
　実際の建物は，一つとして全く同じものがないため，データを示せず経験に基づく記述となってしまっている点および，現実に起こっている現象を，より理解しやすくするために，あえて断定的表現にしたものがある点についてはご容赦いただきたいと思います。また，やむを得ず一部国際単位を使用していない部分があることをお詫びいたします。

平成15年5月吉日
著者記す

目　次

ひびわれの発生状況とその要因

- Q1　コンクリートの建物は，なぜひびわれが発生するのですか？ ……10
- Q2　ひびわれの要因を大別すると，どんなものがありますか。また最も大きい要因は何ですか？ …………14
- Q3　ひびわれを見て原因を推定することができますか？ …………16
- Q4　ひびわれはどの程度の大きさまで許容されますか？ …………21
- Q5　コンクリートはなぜ乾燥すると収縮するのですか？ …………22
- Q6　乾燥収縮ひびわれの特徴は何ですか？ …………24
- Q7　ひびわれクレームは，どのようなものがありますか？ …………28
- Q8　セメントの種類によって，ひびわれの発生量が変わりますか？ …30
- Q9　外壁に発生したひびわれの幅は，経年でどの程度変化しますか？…32
- Q10　ひびわれは，温度・湿度の影響でどの程度変動するのですか？ …34
- Q11　ひびわれが多い建物と少ない建物があるようですが，なぜですか？ …………36
- Q12　窓のコーナーにひびわれが発生しますが，なぜですか？ …………38
- Q13　1階の腰壁にひびわれが多く発生しますが，なぜですか？ …………40
- Q14　デッキプレート床はひびわれが多いと聞きますが，なぜですか？…42
- Q15　倉庫・工場などの土間にひびわれが多いのは，なぜですか？ ……46
- Q16　パラペットに細かいひびわれが多く発生しますが，なぜですか？…48
- Q17　コンクリートの乾燥収縮は，コンクリートのひびわれ以外の不具合の原因にならないのですか？ …………50
- Q18　厚いスラブや壁に亀甲状（網状）にひびわれが発生するのは，なぜですか？ …………54

設計段階での対策

- Q19 ひびわれ対策には，何がありますか？ …………………56
- Q20 ひびわれ対策の手順は，どのようにするのですか？ …………58
- Q21 鉄筋コンクリート構造物の拘束を緩和させるには，どんな方法がありますか？ …………………………60
- Q22 誘発目地を入れる場合の間隔・位置は，どのようにしたらよいですか？ …………………………65
- Q23 誘発目地の断面形状は，どのようなものが適当ですか？ ………68
- Q24 斜め誘発目地は，どのように入れるのですか？ ……………71
- Q25 外壁に誘発目地をとると，外壁の耐震性が低下しますか？ ………74
- Q26 誘発目地に用いるシーリング材は何が適当ですか？ ……………76
- Q27 コンクリートの内部拘束力増強には，どんな方法がありますか？…78
- Q28 有害なひびわれ幅以下にするには，鉄筋比をどのくらいにすればよいですか？ ……………………80
- Q29 壁を厚くすればひびわれは少なくなりますか？ ………………82
- Q30 窓の両側に誘発目地を設けたくないのですが，どうしたらよいですか？ ……………………………………84
- Q31 かくし誘発目地は，どのように造るのですか？ ………………86
- Q32 建物端部に発生する斜めひびわれには，どんな対策をとればよいですか？ ……………………………89
- Q33 屋根およびスラブのひびわれ防止対策のポイントは何ですか？ …92
- Q34 バルコニーなど持ち出し部分のひびわれ誘発目地は，どのように入れるのですか？ …………………………97
- Q35 防水押さえコンクリートのひびわれ対策は，どのようにすればよいですか？ ……………………………100
- Q36 断熱防水はひびわれ対策に有効ですか？ ……………………102
- Q37 その他設計段階でのひびわれ対策は，どのようなものがありますか？ …………………………………104
- Q38 外壁仕上げ材がゴム弾性系の吹付けタイルの場合，ひびわれ対策は不要ですか？ ……………………106
- Q39 壁の誘発目地の効果が期待どおり得られなかったのですが，なぜですか？ ……………………………109

コンクリート調合でのひびわれ対策

- Q40 ひびわれ低減のためにコンクリートについては，どんな点に注意すればよいですか？ …………………………114
- Q41 ひびわれを防止するためには，単位水量をどこまで減らせばよいですか。また，単位水量を減少させるには，どんな方法がありますか？ …………………………116
- Q42 ひびわれ対策に有効な混和材料には，どんなものがありますか？…120
- Q43 コンクリートの膨張材の効果は期待できないのですか？ ………123
- Q44 コンクリートの水和熱によるひびわれ防止には，どんな対策がありますか？ …………………………124
- Q45 アルカリ骨材反応を防止するには，どんな対策をとればよいですか？ …………………………126
- Q46 軽量コンクリートはひびわれが少ないと聞きましたが，本当ですか？ …………………………128
- Q47 コンクリートの配合で，ひびわれをなくすことはできないのですか？ …………………………130
- Q48 コンクリート中の塩化物とひびわれは関係ありますか？ …………132

施工段階でのひびわれ対策

- Q49 施工段階でのひびわれ低減には，どんな対策がありますか？ ……134
- Q50 分割打設はひびわれ低減上なぜ有効なのですか。またどのような方法がありますか？ …………………………136
- Q51 コンクリートを垂直に打継ぐ場合，どの位置が適当ですか。またそれはなぜですか？ …………………………140
- Q52 鉄筋のコンクリートかぶり厚さとひびわれは，関係がありますか？…142
- Q53 コールドジョイントを造らない打設はどうしたらよいですか？ ……144
- Q54 散水養生はひびわれ低減に，どのような効果がありますか？ ……148
- Q55 型枠支保工の早期解体が可能となりましたが，ひびわれ発生の問題はありませんか？ …………………………150
- Q56 ジャンカ（豆板）や空洞，沈みひびわれの防止は，どうすればよいですか？ …………………………152

ひびわれが発生してしまった後の処理

- Q57 仕上げ前に発生したひびわれは，どのように補修すればよいですか？ ……………………………158
- Q58 誘発目地の位置がずれてしまいました。どのように直したらよいですか？ ……………………………162
- Q59 タイルの伸縮目地と躯体の誘発目地の位置がずれてしまいました。どう処置すればよいですか？ ……………………………164
- Q60 外壁が吹付けタイル仕上げになっている場合，ひびわれの補修はどのようにするのですか？ ………………………166
- Q61 外壁がタイル張り仕上げの場合のひびわれ補修は，どのようにするのですか？ ……………………………169
- Q62 梁やスラブのひびわれは，どのようにして補修するのですか？ …172

カット　末松茂正

ひびわれの発生状況とその要因

- Q1 コンクリートの建物は、なぜひびわれが発生するのですか？
- Q2 ひびわれの要因を大別すると、どんなものがありますか。また最も大きい要因は何ですか？
- Q3 ひびわれを見て原因を推定することができますか？
- Q4 ひびわれはどの程度の大きさまで許容されますか？
- Q5 コンクリートはなぜ乾燥すると収縮するのですか？
- Q6 乾燥収縮ひびわれの特徴は何ですか？
- Q7 ひびわれクレームは、どのようなものがありますか？
- Q8 セメントの種類によって、ひびわれの発生量が変わりますか？
- Q9 外壁に発生したひびわれの幅は、経年でどの程度変化しますか？
- Q10 ひびわれは、温度・湿度の影響でどの程度変動するのですか？
- Q11 ひびわれが多い建物と少ない建物があるようですが、なぜですか？
- Q12 窓のコーナーにひびわれが発生しますが、なぜですか？
- Q13 1階の腰壁にひびわれが多く発生しますが、なぜですか？
- Q14 デッキプレート床はひびわれが多いと聞きますが、なぜですか？
- Q15 倉庫・工場などの土間にひびわれが多いのは、なぜですか？
- Q16 パラペットに細かいひびわれが多く発生しますが、なぜですか？
- Q17 コンクリートの乾燥収縮は、コンクリートのひびわれ以外の不具合の原因にならないのですか？
- Q18 厚いスラブや壁に亀甲状（網状）にひびわれが発生するのは、なぜですか？

Question 1
コンクリートの建物は，なぜひびわれが発生するのですか？

Answer

　コンクリートの建物には，コンクリートという材料に起因する内的要因や，荷重や外部環境等に起因する外的要因により，引張力が働きます。

　ところが，コンクリートは，圧縮強度に比較して，引張強度が極端に小さく，圧縮強度の1／10～1／13しかありません。また，引張強度が小さい割に弾性係数が大きく硬くて非常に脆い材料なのです。少しの引張歪みで大きな引張力が働き，簡単にひびわれが発生します。

　このように，"コンクリートは引張りに弱くひびわれしやすい材料"なので，鉄筋コンクリート造では引張力は鉄筋が受け持つようになっているわけです。

　コンクリートがひびわれない条件は，応力的には

　　　　　コンクリートに働く引張力≦コンクリートの引張強さ

　また，変位面では，

　　　　　引張方向の変位≦コンクリートの伸び能力

ということになりますが，先に述べたコンクリートの性質から，この条件におさめるのはよほどの好条件がそろわないかぎりむつかしく，全ての建物を対象に考えるとき，現在のところ不可能といっても過言ではありません。

　将来的にはよい混和材料の開発等により，コンクリートの性質が改善されるかもしれませんが，コストがかなり高くなることは避けられないと思われます。

　この冊子で扱うひびわれ対策は，主として，"コンクリートにはひびわれが発生する"ことを前提にして，その"ひびわれの発生をいかにコントロールするか"が中心になっています。

(1) 乾燥収縮によるひびわれ

　コンクリートは乾燥に伴い収縮します（なぜ乾燥すると収縮するかは**Q5**参照）。そして，スランプ18cm程度のコンクリートの乾燥収縮率は$6～8×10^{-4}$程度です。したがって，建物が自由に収縮できるとすれば，10mについて6～8mm程度乾燥で短くなり，ひびわれは発生しないわけです。しかし実際には建物の内部の鉄筋

や，部材ごとの乾燥の度合いの差等によって，コンクリートが自由に収縮するのを防げる拘束力が働きます。一方，伸び能力（弾性伸び＋クリープ伸び）は$3 \sim 4 \times 10^{-4}$程度と言われています。

以上を式にまとめると，

$$乾燥収縮率（6 \sim 8 \times 10^{-4}）\times 拘束係数 > 伸び能力（3 \sim 4 \times 10^{-4}）$$

のときにひびわれが発生することになり，一般の建物はこの関係になっています。

拘束係数は建物の規模，形状，部材の断面，部位その他によって違います。したがって，拘束係数が小さいものはひびわれが発生しないことになります。

通常のコンクリートの材料を使用して調合する場合は，建築で施工できる程度のスランプの範囲では，乾燥収縮率と伸び能力の関係は，一方を小さくすると他方も小さくなり，大きくすればやはり他方も大きくなるという関係があるようで，上式の不等号の向きを調合だけで逆にするのは困難のようです。

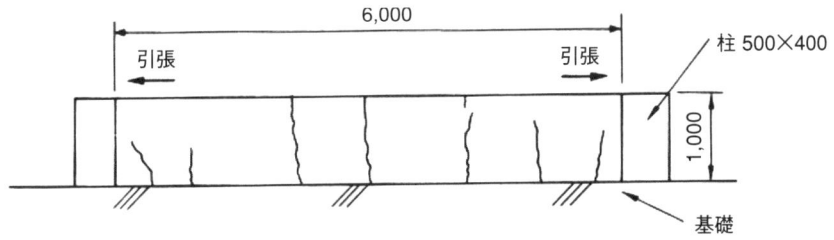

図1　乾燥収縮ひびわれ（試験体の壁の例）

(2) 水和熱応力によるひびわれ

コンクリートは硬化する際に熱を出します。これを水和熱と呼びますが，これによってコンクリート内部の温度は，一般の建物で$10 \sim 20℃$，断面が大きいものでは，$30 \sim 40℃$以上も上昇します。

コンクリートも熱膨張のある材料ですから，高温になるコンクリート内部の膨張により低温の表面部が引張られてひびわれることがあります。また，膨張して固まったコンクリートが冷却する際に，外部から収縮を拘束されるとやはりひびわれます。

水和熱によるひびわれを問題にするのは，一般に日本建築学会で定義されているマスコンクリート（部材断面の最小寸法が大きく，かつセメントの水和熱の上昇で有害なひびわれが入るおそれがある部分のコンクリート）ですが，実際には適用箇所は設計図書に特記されます。設計者は，経験や資料，および解析などにより適用箇所を決めます。

マスコンクリート対策について記述するとそれだけで1冊の本になるので，ここでは省略しますが，現実的な問題として，建築規模でのマスコンは，コスト，工程面等からの制約で自らとれる対策には限界があり，パイプクーリングやコンクリートの冷却のような対策はとりえません（対策については**Q44**参照）。

　単位セメント量を少なくするのが対策として最も重要ですが，一般に設計基準強度が，21N/㎟以上と高いために単位セメント量を少なくするにも限界があり，かつ無制限に少なくすることは品質上好ましいことではありません。また，耐久性上から定められている水セメント比の最大値を無視することにも問題があるでしょう。このような事情から，建築のマスコンについては，相当の対策をしてもひびわれがある程度発生するのは止むを得ない状況があります。

　建築におけるマスコンのひびわれは，内外の温度差によるものはヘアクラックでほとんど問題がなく，外部拘束による場合は早い時期に集中して太いものが発生するので，補修は乾燥収縮ひびわれより容易です。また，多少のひびわれの発生は構造体に影響がないと判断される場合がほとんどです。

　以上の状況をふまえて，建築工事のマスコンにおいては，対策としては現実的な範囲にとどめ，ひびわれが発生したら補修をするという方針を採ることが多いようです。

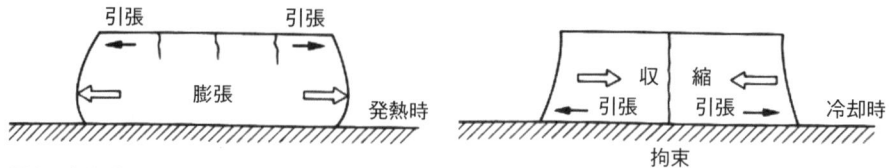

図2　水和熱によるひびわれ

（3）外部温度応力によるひびわれ

　日射や外気温による建物の膨張収縮力が，乾燥収縮のひびわれに影響あることは，**Q10**でもふれますが，ここでは日射による屋根スラブおよび梁の膨張で建物最上階の壁に発生するひびわれについて説明します。

　屋根スラブおよび梁が熱せられると膨張するので，建物上面に外部側へ押し出そうとする力が働きます。この力が大きいと，最上階の壁が耐えきれなくなり，ひびわれが発生します。この場合のひびわれは，力の向きから，八の字型にあらわれるのが特徴です。

　最上階はまず乾燥収縮による逆八の字形のひびわれが入り，次に温度ひびわれによる八の字ひびわれが入ることがありますから，両方の対策または温度ひびわ

れに対しては，屋上を外断熱防水にするなどの対策が必要となります。

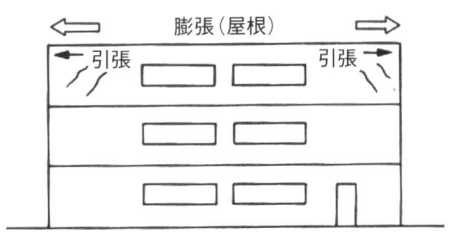

図3　屋根板の熱膨張によるひびわれ

(4) 地震力によるひびわれ

　地震時は，壁面には図のように水平方向に大きなせん断力が働き，それによるひびわれが発生します。耐力壁の鉄筋は，このせん断力に抵抗すべく計算され，配置されているもので，柱，梁内への定着，かぶり厚さの確保が大切といわれるゆえんです。

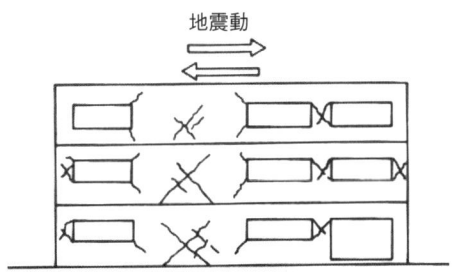

図4　地震力によるひびわれ

(5) 不同沈下によるひびわれ

　このひびわれは，沈下により建物が歪むために発生するもので，たとえば図のように一定の規則性を示すのが特徴です。

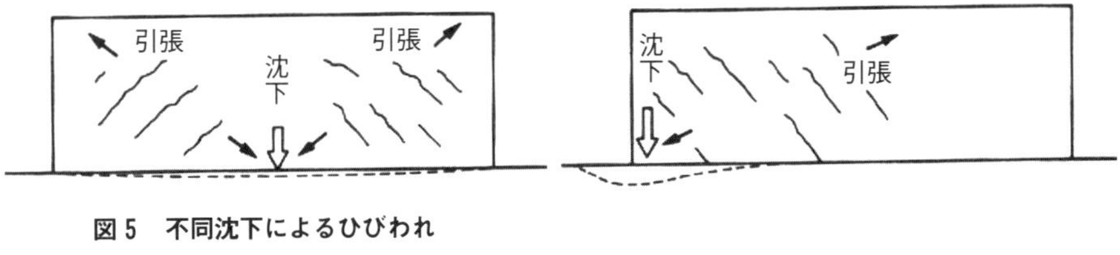

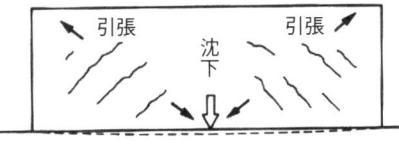

図5　不同沈下によるひびわれ

Question 2
ひびわれの要因を大別すると，どんなものがありますか。また最も大きい要因は何ですか？

Answer

ひびわれが発生する要因は，**Q1**で述べたように，①コンクリートに働く引張力を増大させる要因，②コンクリートの引張強さを低下させる要因，③コンクリートに引張方向の変位を与える要因，④コンクリートの伸び能力を低下させる要因，の4つのグループに大別されます。しかし，グループ間の関連が強いために，一つの要因でも見方によってはいろいろなグループに入れることができ，明確にグループ分けするのは難しいので，ここでは，大雑把に**表1**のように①と②のグループに分類しておきます。

実際のひびわれの発生原因を追及すると，必ずしも単一ではなく，一般には二つ以上の要因が重なっていることが多いのですが，最も多くひびわれ原因に顔を出すのは，コンクリートの乾燥収縮です。建築の場合は，この乾燥収縮ひびわれをうまく制御できれば，おそらく現在のひびわれに関するクレームの90％以上を解決することができると思われます。

次に，**Q3**でひびわれの大きい要因についていくつか説明しましょう。

表1 コンクリートひびわれの原因

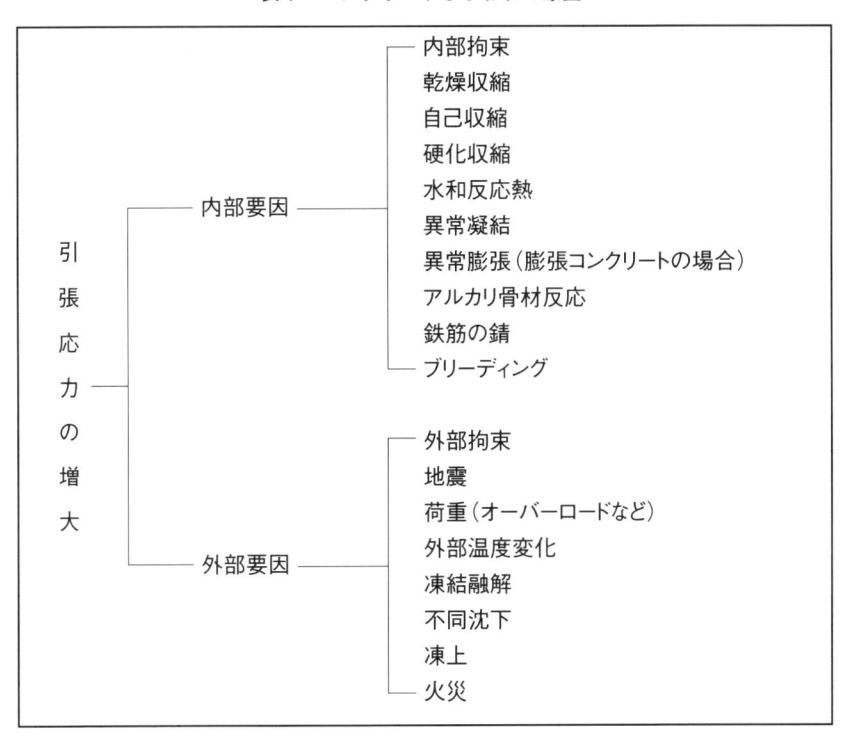

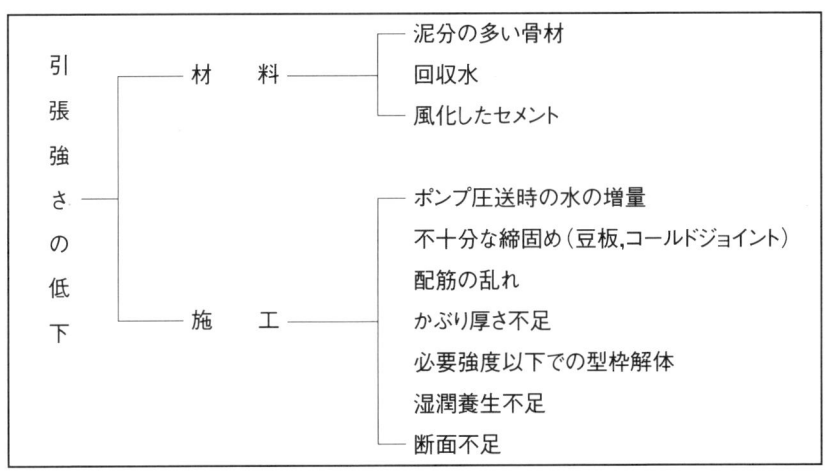

```
                   ┌─ 内部拘束
                   │  乾燥収縮
                   │  自己収縮
                   │  硬化収縮
        ┌─ 内部要因 ─┤  水和反応熱
        │          │  異常凝結
        │          │  異常膨張（膨張コンクリートの場合）
        │          │  アルカリ骨材反応
引       │          │  鉄筋の錆
張       │          └─ ブリーディング
応       │
力 ──────┤
の       │
増       │          ┌─ 外部拘束
大       │          │  地震
        │          │  荷重（オーバーロードなど）
        └─ 外部要因 ─┤  外部温度変化
                   │  凍結融解
                   │  不同沈下
                   │  凍上
                   └─ 火災
```

```
                   ┌─ 泥分の多い骨材
        ┌─ 材　料 ─┤  回収水
引       │          └─ 風化したセメント
張       │
強 ──────┤
さ       │          ┌─ ポンプ圧送時の水の増量
の       │          │  不十分な締固め（豆板,コールドジョイント）
低       │          │  配筋の乱れ
下       └─ 施　工 ─┤  かぶり厚さ不足
                   │  必要強度以下での型枠解体
                   │  湿潤養生不足
                   └─ 断面不足
```

引張応力（の増大）＞引張強度（の低下）になることがひびわれの原因。

Question 3
ひびわれを見て原因を推定することができますか？

Answer

　コンクリートは圧縮には非常に強い材料なので，圧縮破壊でひびわれが出ることはまず考えなくてよく，引張力か，せん断力によるひびわれと考えられるわけです。そしてそれらの力が建物全体に働いてひびわれの原因となっている場合もあり，また局部的に働いてその原因となっている場合もあるわけです。

　以上のことを念頭において，ひびわれの発生状況を観察することにより，原因をある程度推定することができます。

　推定の仕方としては，まずひびわれの発生状況を図に記入し，その特徴から，原因が引張力ならどの方向に力が働いているか，また，せん断力ならどうか等を検討し，その方向の力が理屈上あり得るならば，それが原因ということになります。といっても慣れるまでは難しいので，次に発生状況（パターン）とその推定原因を部位別に図示しましょう。

　原因を推定する際に注意していただきたいのは，単なる乾燥収縮ひびわれであっても，せん断力や曲げが働いている場合は，あたかもそれらによって割れたようなパターンとなることです。せん断力や曲げを原因と決める場合には，ひびわれ部分の目違いや，部材のたわみ・変形等についても慎重に調査し，その上で判断する必要があります。

　Q1で述べたように，コンクリートはひびわれの出やすい材料ですから，建物をよく観察すると微細なひびわれが無数に発生していますが，それらのひびわれのほとんどは構造上，意匠上また使用上問題になりません。

　しかし，ひびわれの状態によっては問題となるものがあり，補修しなければなりません。補修方法はその発生原因を推定しそれに合ったものでなければ，効果が上がりません。したがって，ひびわれの原因を明らかにすることが大切です。

壁

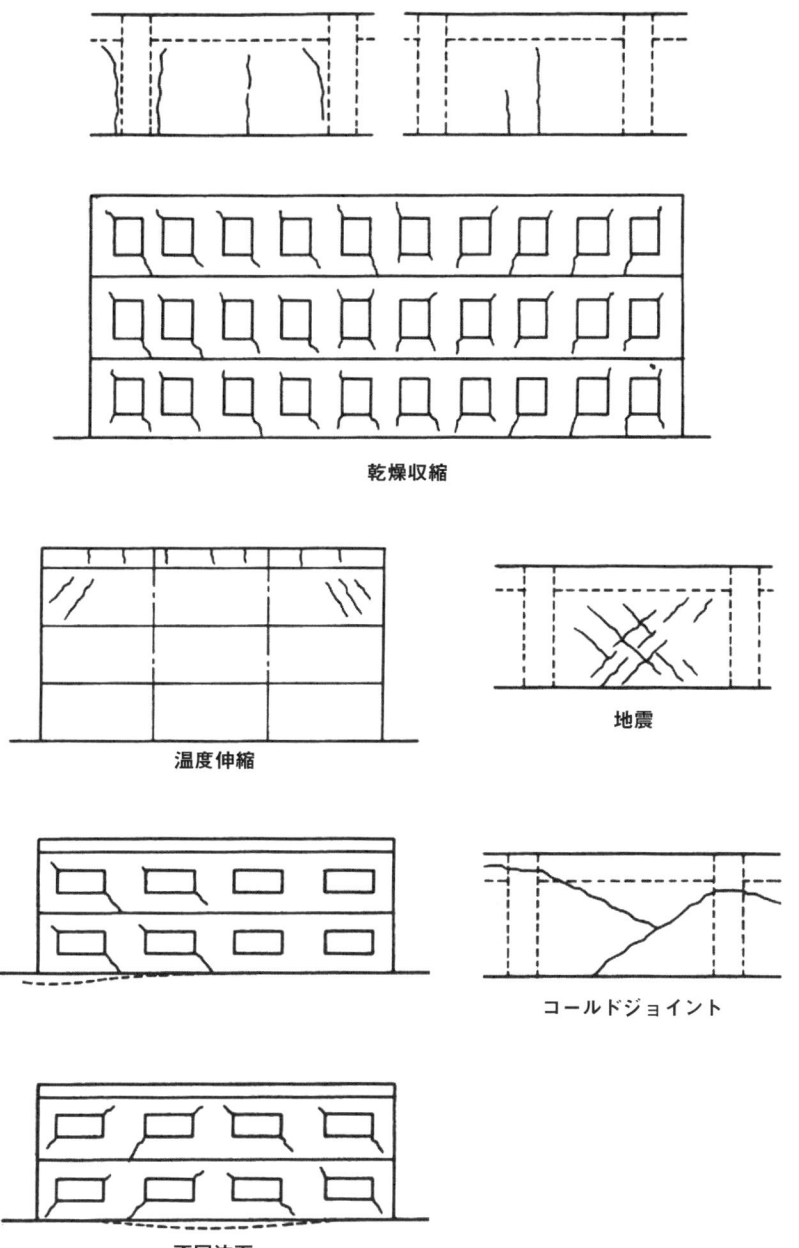

乾燥収縮

温度伸縮

地震

コールドジョイント

不同沈下

ひびわれの発生状況とその原因

梁

地震・過荷重（せん断）	地震・過荷重（曲げ）
鉄筋かぶり不足	コンクリートの沈降

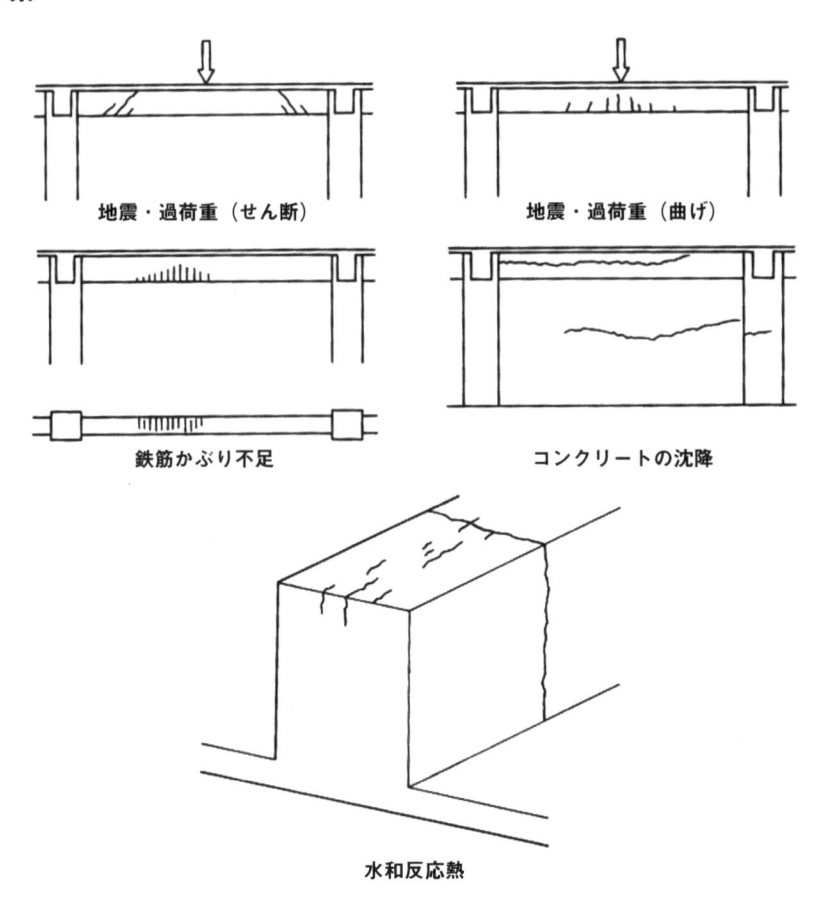

水和反応熱

柱

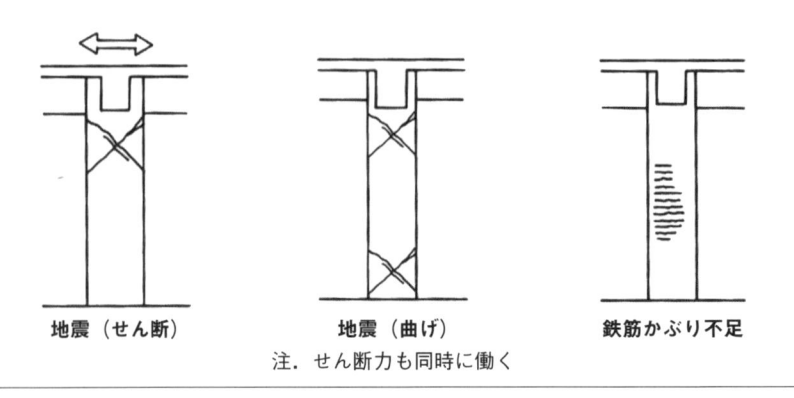

地震（せん断）　　地震（曲げ）　　鉄筋かぶり不足

注．せん断力も同時に働く

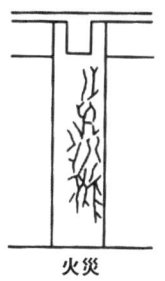
火災

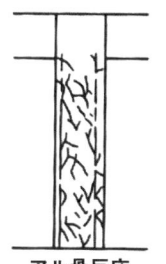
アル骨反応
（ゲルの流出が見られる）

床

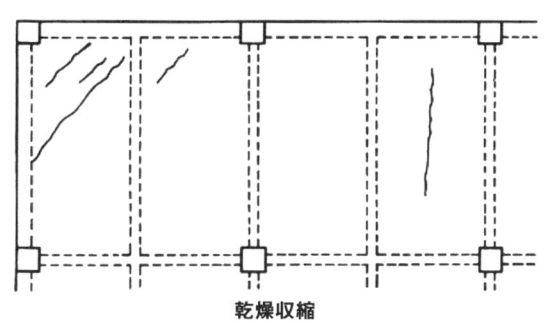
乾燥収縮

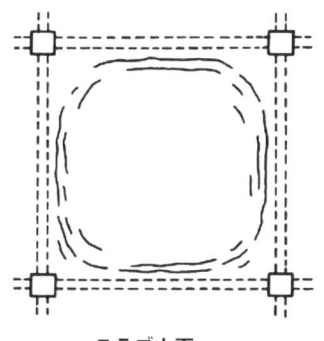
スラブ上面

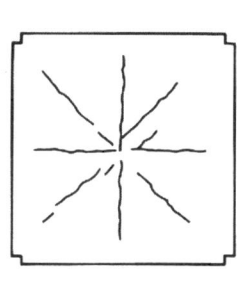
スラブ下面

腰抜けスラブ
（早期支保工撤去，過荷重，鉄筋下り）

その他

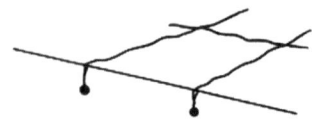

沈みひびわれ

コンクリートの沈下により，鉄筋の上部に打設後1～2時間たってから発生する。木ごて仕上げに多い。

初期乾燥ひびわれ

気温が高い，風が強いときなどにコンクリートが固まる前に発生する。
パターンは亀甲状(網状)ひびわれとなる。

異常凝結ひびわれ

セメントが異常な場合に発生し，短く不規則なひびわれが早期に発生する。

膨張ひびわれ

膨張性混和材の分散不良等で発生する。

亀甲状（網状）ひびわれ

・骨材に泥分が含まれているときに発生する。
・運搬時間が長すぎたとき等に発生する。
・凝結遅延剤が入っているコンクリートがドライアウトしたとき等に発生する。

Question 4 ひびわれはどの程度の大きさまで許容されますか？

Answer

　要求される性能によって，許容されるひびわれ幅が異なります。そして一般に要求される性能は，耐久性および防水性の二つです。

　昭和53年に日本建築学会から出された「鉄筋コンクリート造のひびわれ対策」指針案の中では，ひびわれ幅制限の目標として「構造体コンクリートの表面に生じるひびわれ幅が0.3mmを越えないように制限することを耐久性上についての設計の目標とする」と書かれています。平成2年の同指針の改定版でも，多少の語句の修正はありますが，内容は変わっていません。一方，既応の多くの研究から漏水の危険性のあるひびわれ幅としては，0.06mmが一般的といってよいと思います。

　図1は，仕上げしない打放しコンクリートの壁に発生したいろいろな幅のひびわれに散水試験をし，ひびわれ幅と漏水率との関係を調べたものです。この試験結果では，0.04mmを越えると漏水が始まり，0.20mm以上では100%が漏水を起こしています。

　防水性能上は，このようにひびわれが露出している場合，小さいひびわれも許容されませんが，防水形複層仕上げ塗材の中のひびわれを被覆隠蔽する性能が高い仕上げ材を採用する場合は，0.20mm程度までのひびわれを許容してもよさそうです（**Q38**参照）。

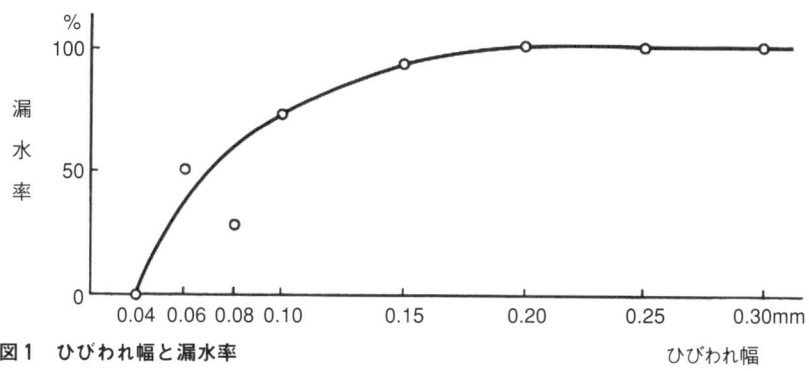

図1　ひびわれ幅と漏水率

Question 5
コンクリートはなぜ乾燥すると収縮するのですか？

Answer

　コンクリートが硬化（水和反応）するのに必要な水量は、いろいろな説がありますが、どんなに多くてもセメント量の40％以下です。しかし、この水セメント比で施工性のよいコンクリートを得るためには、非常に多くのセメントが必要であり、セメント量が多いことによる弊害が出ます。また強度上からもこのように小さい水セメント比を必要としませんから、実際のコンクリートの水セメント比は50〜60％程度になっています。

　したがって、少なくとも20〜35％の水は施工後は余分な水になります。この水が蒸発することによって、コンクリートが収縮するわけです。

　では、なぜコンクリートは乾燥すると収縮するのでしょうか。世の中のたいていのものは、乾燥すれば縮まるのが普通です。その原理は種々ありますが、コンクリートについては、次のような水の表面張力による"毛細管張力説"が収縮の原理を分かりやすく説明してくれます。

　なお、初期乾燥ひびわれは、湿地の水たまりの水が乾上がった時に発生する、地面のひびわれと同じ現象と考えればよいと思います。

毛細管張力（説）による収縮の過程を具体的に説明します。

- コンクリート中の硬化したセメントペーストは，トベルモライトと呼ばれる板状または層状の結晶になっています。トベルモライトの層間には余剰水のために細孔ができます。単位水量が多くなるほどこの余剰水が多いので細孔も大きく，多くなります。

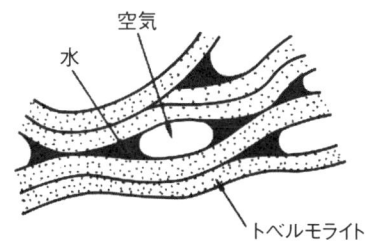

図1　硬化セメントペーストの概念図

- 細孔が十分小さければ，その中の水は，通常の状態では蒸発できませんが，ある程度大きいとやがてこの層間の細孔を満たしていた余剰水は蒸発し，徐々に空気と置き替っていきます。
- 余剰水が細孔中の細い部分に後退するにつれ，表面張力が大きくなりこの力がトベルモライトを引き寄せようとするため，収縮が生じます。

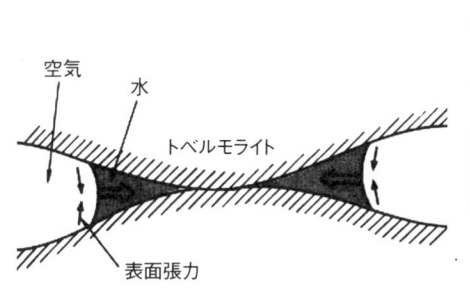

図2　毛細管張力増大の概念図

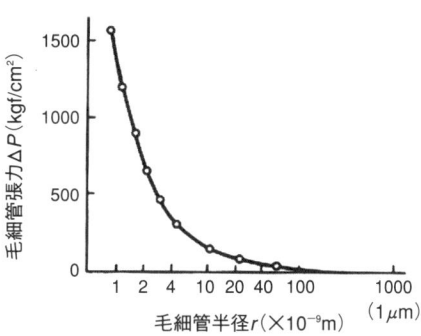

図3　毛細管半径と毛細管張力の関係
（毛細管半径が小さいほどその張力は大きい）

Question 6
乾燥収縮ひびわれの特徴は何ですか？

Answer

　梁や柱のように厚いコンクリートは数年かけてゆっくり乾燥しますから，建物に有害なひびわれが出尽きるまでには，3～4年かかります（**Q60**の**図1**，**2**参照）。乾燥収縮ひびわれのおおよその特徴は**Q3**で図示しましたが，ここではなぜそのような特徴を示すのかを含めて少し詳しく述べましょう。

　乾燥収縮ひびわれは，基本的には，①厚い部材と薄い部材の乾燥速度の差によって生じる引張力と，②建物全体の収縮によって生じる引張力の作用で発生し，それぞれ特徴のあるパターンがあります。

　図1，**2**はコンクリート内部の湿度を測定したものですが，厚さ40cmのものは12cmのものに比べて，乾燥に時間がかかる様子が分かります。①の力はこの差によって生じるわけです。

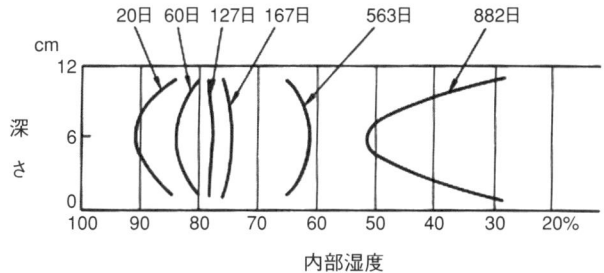

図1 内部湿度分布の推移，厚さ12cm
14ヶ月まで恒温室(温度約20℃，湿度約70％)以後室内放置

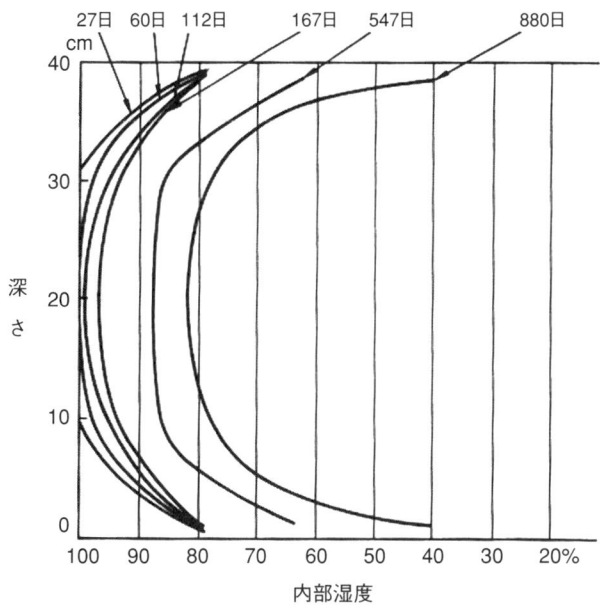

図2 内部湿度分布の推移，厚さ40cm
14ヶ月まで恒温室(温度約20℃，湿度約70％)以後室内放置
注）本図は椎名国雄氏の実験結果を簡略させていただきました
（コンクリートジャーナル，1969.vol.7 No.6）

①のみによって発生するパターンは**図3**のようになりますが，壁の場合はこれに上下の圧縮力が働きかつ下部が打継ぎなので，**図4**のようなパターンになります。学校や共同住宅の妻壁等のようにスパンが1～2程度の場合や，壁厚が12cmのように薄い場合にひびわれるとこのようなパターンになることが多いようです。

　壁構造のように部材間の厚さの差が小さいものでは，①によるひびわれは非常に少なくなります。

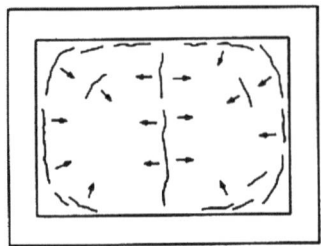

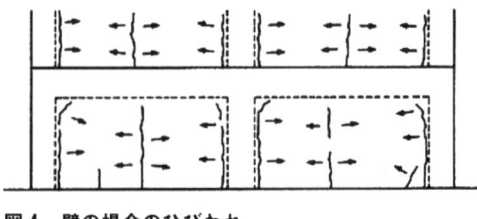

図4　壁の場合のひびわれ

図3　周囲の拘束が強い場合のひびわれ

　床の場合は，プランが正方形に近い建物の中央付近の床に①が原因のひびわれが発生することがありますが，実際よく目にすることがあるこのパターンのひびわれの原因は，①と剛性が低い場合の床の曲げ応力の影響と考えられます（**図5**）。床の剛性が充分高い場合は，ひびわれは床板を貫通して発生します。

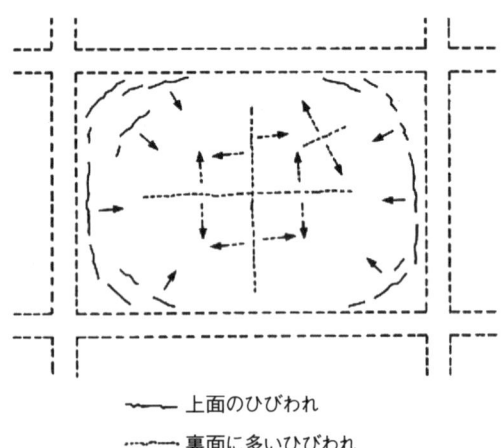

―――　上面のひびわれ
‥‥‥　裏面に多いひびわれ

図5　剛性が小さい床のひびわれ

②の力は壁の場合，下階が上階の収縮を拘束するために上部と下部で変位に差が生じ，上端部を中央に引張るような力が働きます。この力と①との力の組み合わせにより，**図6**のようなひびわれパターンが発生します(詳しくは**Q32**参照)。

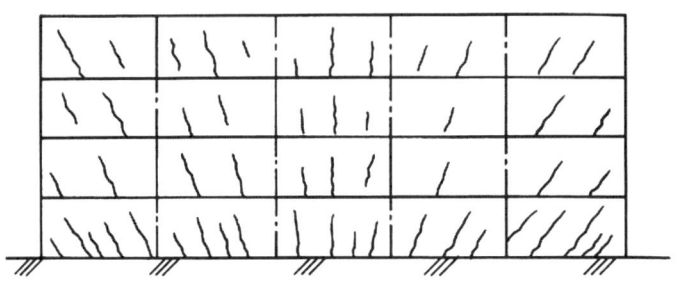

図6　外壁のひびわれパターン

床の場合は建物の長手方向の引張力が強くなりますから，主として①で発生するひびわれが②の力によって，**図7**のようなパターンとなります。

これらの傾向は，建物が長大になるほど拘束力が強くなるため，顕著に現れかつひびわれも多くなります。

壁構造の建物にひびわれが少ないのは，長大な建物が少ないことも要因と考えられますが，①がひびわれ発生にかなり強く影響しているためと考えてよいと思います。

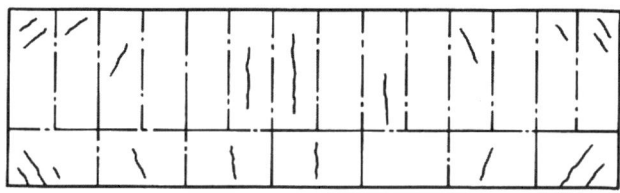

図7　床のひびわれパターン

Question 7
ひびわれクレームは，どのようなものがありますか？

Answer

　ひびわれが原因のクレームは外壁からの漏水が最も多く，ついでに構造に影響するひびわれです。それと二次的なものとして仕上げに現れる醜いひびわれです。これをまとめると**表1**のようになります。

　建物は雨露を防ぐことが原点ですから屋根は無論，外壁から漏水したらクレームが発生するのは当然です。外壁からの漏水の大部分が外壁のひびわれが原因であり，これが問題になったのは昭和35年前後からです。その背景としては高度経済成長に伴う急施工の要求，コンクリートポンプの普及，建物の部材断面を小さくする指向，建物の大型化などがあります。

　ひびわれ問題の対策は次々に打ちだされ，昭和53年には日本建築学会から「鉄筋コンクリート造のひびわれ対策（設計・施工）指針案・同解説」が発行されました（平成2年改定）。

　また，建築関係者の努力によって年々ひびわれによるクレームは減少傾向にあるようです。しかし，ひびわれのメカニズムは非常に複雑なので解決できない部分もあり，完全にクレームが無くなるまでには至っていません。

表1　有害なひびわれと問題点

漏水問題	・外壁，屋根から漏水の原因となる。
構造問題	・部材の過度のたわみの原因となる。 ・鉄筋の錆の発生を促し，RC造の耐力，耐久性を低下させる。 ・気密性の低下の原因となる。
美観問題	・外観を著しくそこねる。

ひびわれの発生状況とその原因

Question 8
セメントの種類によって，ひびわれの発生量が変わりますか？

Answer

　セメントの種類と乾燥収縮との関係をみると（**図1**），中庸熱ポルトランドセメント・フライアッシュセメントの乾燥収縮が最も小さく，次いで早強ポルトランドセメント・普通ポルトランドセメントが比較的近似した乾燥収縮を示し，シリカセメント・高炉セメントの乾燥収縮は，スラグの品質・粉末度・粉砕方法により相違しますが，普通ポルトランドセメントの乾燥収縮に比較して大きくなっています。

　しかし，初期湿潤養生を2週間以上行うと，高炉セメントを用いたモルタルの乾燥収縮率は，普通ポルトランドセメントの場合よりも小さくなります。また，コンクリートの場合は，水中養生を1日以上行ったものでは，高炉セメントコンクリートの乾燥収縮率は，普通ポルトランドセメントコンクリートの場合よりも小さくなっています（**図2**）。

　水和熱の点からみた場合，早強ポルトランドセメントは，他のセメントに比べて，初期水和熱が大きいので，乾燥収縮率では普通ポルトランドセメントより小さいですが，暑中コンクリートや断面が大きい部材には使用するのは不適当です。

　また，**図3**は，砂利コンクリートの場合の単位セメント量と収縮率の関係を示したものですが，同

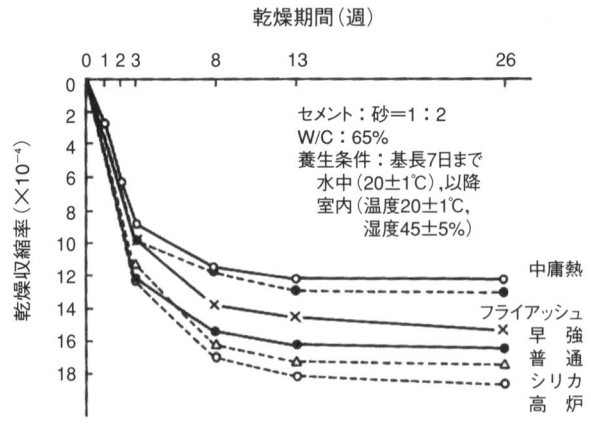

図1　各種セメントの乾燥収縮率（モルタル）
　　　日本建築学会「鉄筋コンクリートの造のひびわれ対策（設計・施工）指針案・同解説」

一単位水量であれば，セメント量が増えるほど乾燥収縮率は低下する傾向となっています。

セメント量が増えると，乾燥収縮が大きくなるといわれますが，このグラフを見る限りは誤りです。実際のコンクリートにおいては，水セメント比一定のもとで，スランプ調整を単位水量で行いますので，それと比例して単位セメント量が増えるため，セメント増が収縮率増加になるように思えますが，実際は単位水量増の影響が大きいわけです。

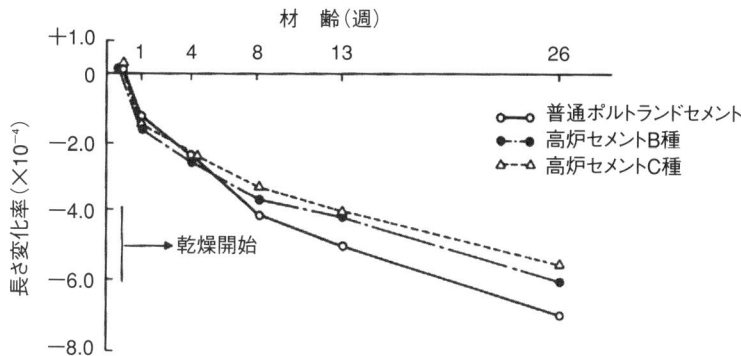

図2　各種セメントの乾燥収縮率（コンクリート）
丸安隆和，小林一輔，阪本好史「高炉セメントコンクリートの研究」
東京大学生産技術研究所報告　第15巻　第4号　1966.2

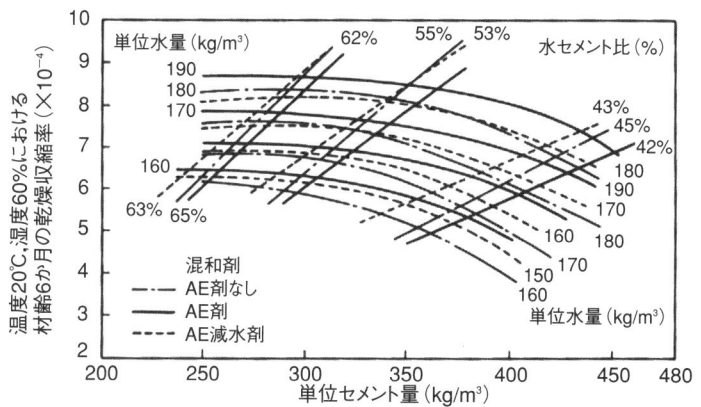

図3　コンクリートの調合と乾燥収縮率との関係
柿崎正義「コンクリートの調合と乾燥収縮率との関係」
日本建築学会　学術講演梗概集　1976.10　No.1087

Question 9
外壁に発生したひびわれの幅は，経年でどの程度変化しますか？

Answer

施工中に発生したコンクリート外壁のひびわれ幅が，将来どの程度まで増大するかは，施工中に発見したひびわれを補修すべきか否かの判定を試みようとする時に，誰もが持つ関心事です。結論は，理論上あるいは研究上は別にして，実際の建物ではそのひびわれ幅がどこまで拡大するか推定するのは困難で，仕上げ材料の種類によってひびわれの補修の必要性を検討するのがよいと考えられます。例えば，通常の吹付けタイル仕上げの場合であれば，施工中に発見したひびわれは全て補修しておくべきです。

図1は，ある建物のひびわれ幅を追跡調査したもので，ひびわれによって拡大の仕方が異なっていますが，いずれもかなり幅が大きくなっており，そのまま放置するのはよくない状態になっています。

ひびわれが発生すると，その部分でコンクリートと鉄筋とのボンドが切れかつ鉄筋が伸びます。コンクリートの収縮が進めば，さらに鉄筋が伸び，ひびわれは拡大します。鉄筋の引張り力がコンクリートの引張り強さを上まわると新しいひびわれが

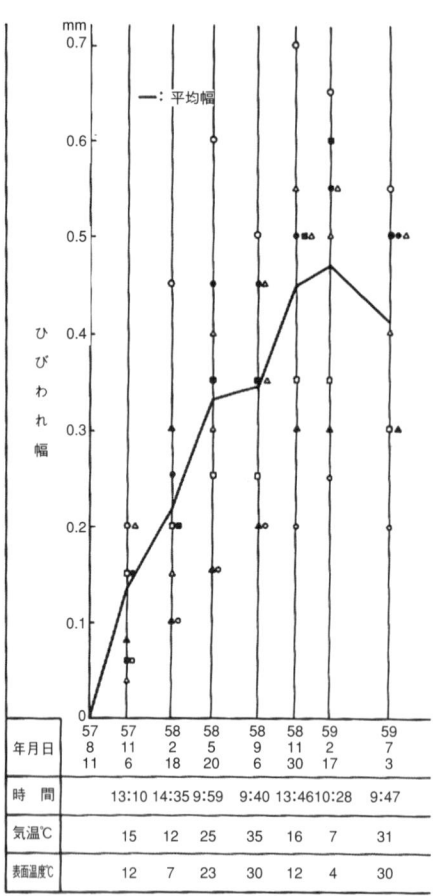

図1 建物のひびわれ幅の変動

発生し，前のひびわれ幅の増大は止ると考えられます（**図2**）。この新しいひびわれが発生する直前のひびわれ幅が最大のひびわれ幅と，考えてよいでしょう。

図3は鉄筋比とコンクリート強度とひびわれ幅の関係を示すある研究結果をグラフ化したものですが，これによると，鉄筋比が0.4％程度の場合，ひびわれの幅は0.5㎜で実際に測定したひびわれ幅の平均値のピークとかなり合っているようです。

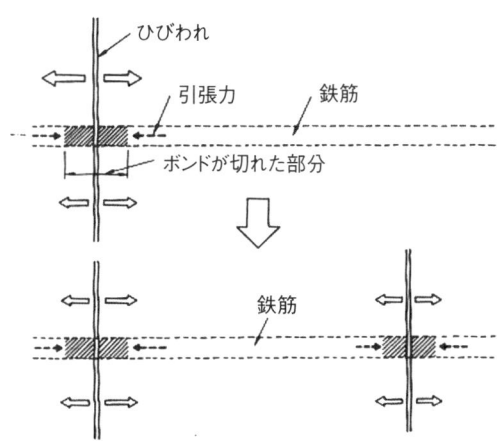

図2　鉄筋の拘束によるひびわれ分散

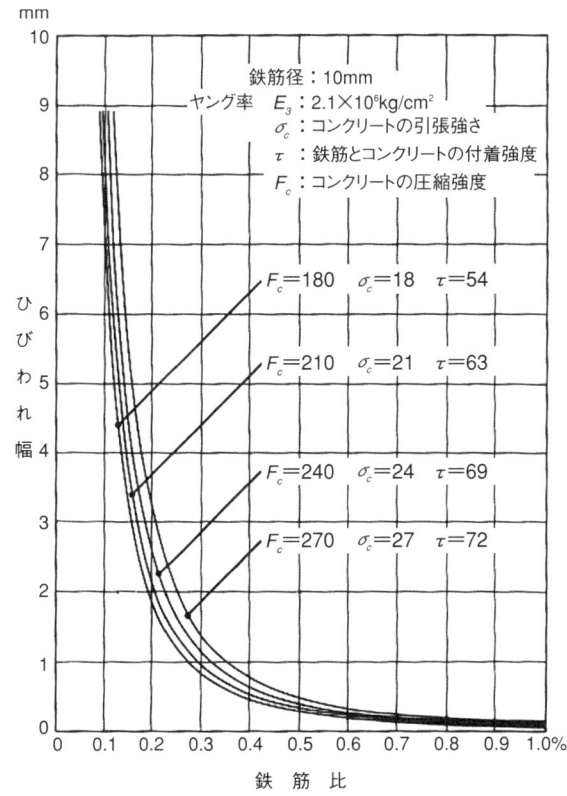

図3　鉄筋比とひびわれ幅の関係

Question 10
ひびわれは，温度・湿度の影響でどの程度変動するのですか？

Answer

　コンクリートの線膨張係数は，約 $1 \times 10^{-5}/℃$ ですから，ひびわれ間隔に線膨張係数とコンクリートの温度変化量を掛ければ，温度変化によるひびわれの変動幅が計算でもとまるわけですが，実際の建物では，温度変化が複雑ですし，湿度や雨露などの影響もあり，ひびわれの変動幅を数値計算するのは不可能と言えます。

　図1は腰壁上の屋外の実大試験体のひびわれ幅を連続測定したものですが，日較差9℃位の季節で，気温・日照・湿度・露などの影響によりこの程度の日内および日間の変動があります。

　図2は特殊な例ですが，内断熱で露出防水の壁構造の建物の屋根スラブの熱膨張で，戸界壁に発生したひびわれの幅を測定したものです。防水層の温度の変動より少し遅れてひびわれ幅が変動しているようです。

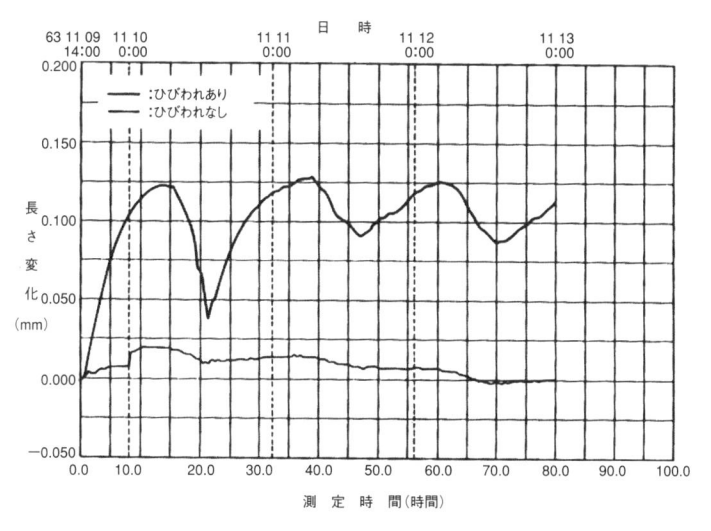

図-1 実大試験体のひびわれ幅の日内変動
(ひびわれをまたいだスパン10cmの長さ変化を測定)

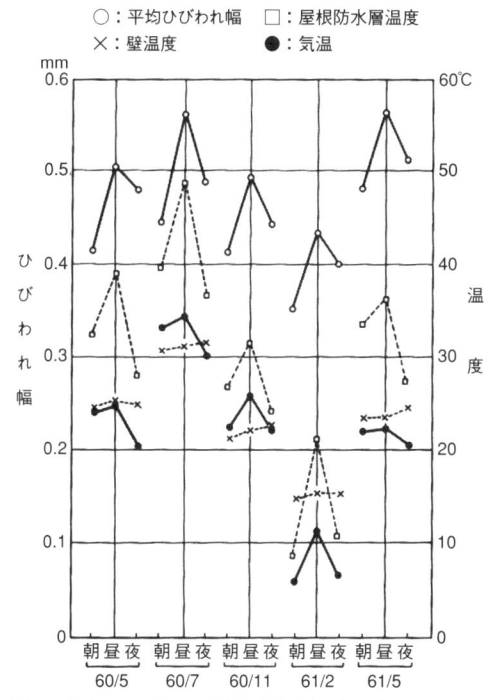

図2 気温，壁温度，屋根防水層温度の変動と平均ひびわれ幅の変動の関係

ひびわれの発生状況とその原因

Question 11
ひびわれが多い建物と少ない建物があるようですが,なぜですか？

Answer

　ひびわれの発生量は，建物の構造種別の違い，建物の規模，建物の平面形状，開口部の形状などによって発生しやすい建物と発生しにくい建物があります。同一建物の中でも階によってまた方位によっても違いがあります。これらは，乾燥速度の差や自由収縮をさまたげる拘束力の差によります。また，地域によっては気象環境の違い，骨材の違いの影響でひびわれが比較的多く発生する地域と少ない地域があります。コンクリートの打設時期による違いはあまりないようです。

(1) 構造種別

　構造からは，壁構造が最もひびわれが発生しにくく，架構（梁・柱）がS造で外壁がRC造の建物に最もひびわれが多く，一般のRC，SRC造はその中間ということができます。

　壁構造にひびわれが少ない理由としては，柱・梁・壁の厚さがあまり違わないので，乾燥収縮が均一に起こるからと考えられます。

　RC，SRCのラーメン構造では，柱および梁と壁の厚さが大きく違うので，乾燥収縮の早さが異なることと，梁が鉄筋，鉄骨で拘束されているので縮みにくいために，ひびわれが多くなります。また，SRC造で梁鉄骨の剛性が高い場合は，鉄骨による拘束が強いのでさらにひびわれが多くなります。

　S造とRC造の複合構造の場合は，鉄骨は乾燥収縮をしませんし，熱伝導率が大きく熱容量も小さいので気温などにより敏感に挙動します。したがって梁がS造で外壁がRC造だと挙動が違いますから，RCの外壁に繰返し引張力が働きひびわれが発生しやすくなります。

　しかし，屋根のみS造で，それとRCの躯体がスライド機構でつながっている場合には屋根の動きが外壁に影響をおよぼしませんから，逆にひびわれの発生は少なくなります。

(2) 建物規模

　建物のひびわれ問題が大きくとりざたされるようになった一因が建物の大型化

です。建物の長さが長くなるほど建物全体としての乾燥収縮の影響や，日照による温度変化の影響が大きく働くため，ひびわれの発生量が多くなります。

(3) 外壁形状

建物の規模や建物の長さが長くても，平面的に凹凸の多い建物では各面ごとの拘束力が弱まるため，ひびわれは発生しにくくなります。逆に平面的に単純な建物ほど，ひびわれが発生しやすいと言えます。

単純な平面ほど
ひびわれが多い

凹凸の多い建物は
ひびわれが少ない

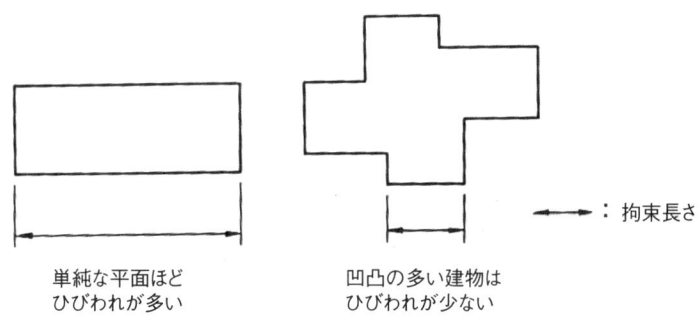

⟷：拘束長さ

図1　外壁形状

(4) 窓の形状

壁面に開口があると開口の4隅からひびわれが発生しやすくなりますが，その他の部分のひびわれは少なくなります。すなわち全面開口が多い建物には，ひびわれの発生が少なく，無窓または独立開口の多い建物には，ひびわれが出やすいのです。

縦長開口　　　横長開口　　　無窓または独立開口

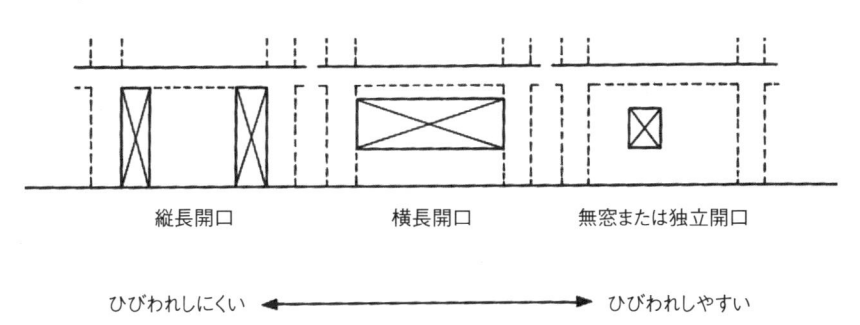

ひびわれしにくい ⟵　　　　　⟶ ひびわれしやすい

図2　窓の形状

Question 12
窓のコーナーにひびわれが発生しますが,なぜですか？

Answer

　窓のコーナーにひびわれが発生しやすいことは，経験的に理解していますが，実際にコンクリート中の内部応力を解析してみますと，図1のようにコーナー部には，一般部分の5～6倍の応力が働いていることが分かります。図1の左側の図は，コンクリートの乾燥収縮による引張応力であり，右側は地震時における応力の図です。これだけの応力に対して抵抗するのに必要な鉄筋量を，コーナー部分に配置することは，とても不可能です。

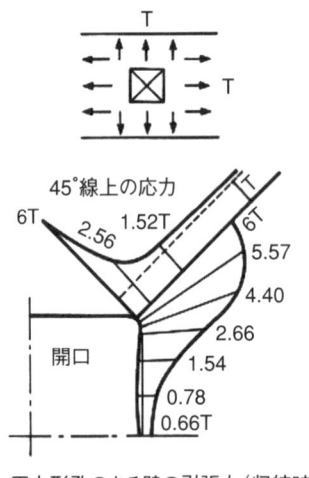

正方形孔のある壁の引張力（収縮時）

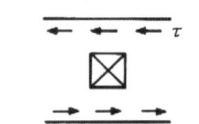

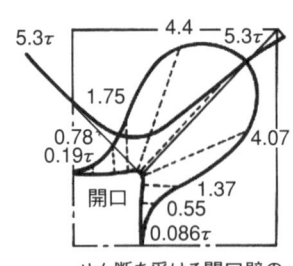

せん断を受ける開口壁の
45°線上の応力（地震時）

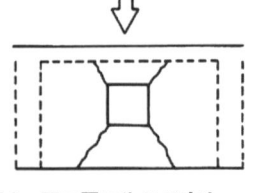

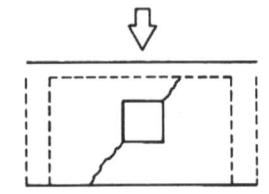

図1　開口隅に生じる応力

効果的な防止対策

 図1の解析は便宜上開口のコーナーに小さなRが付けてありますが，実際の開口ではさらに応力集中があります。補強すればひびわれは細くなりますが，分散して数多く発生するのが普通ですから，仕上げの材料によっては，補強するより，補強せずにひびわれの本数を減らして補修した方が安くなることがあります。

 また，図2のように窓の両サイドに誘発目地を配置する方法は，コーナーに集中する応力をむしろ活用して目地部にひびわれを発生させるもので，建物の中央付近の壁に配置するとかなり有害なひびわれを防止することができます。

 開口の角の形状が複雑な場合は，誘発目地部分に，深い切り込みを入れます。

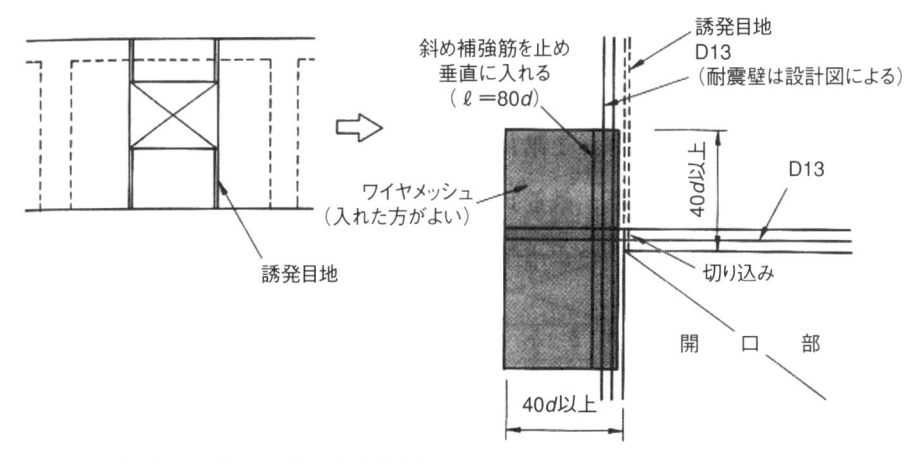

図2　開口両側の誘発目地と補強筋例

開口まわりのひびわれ　　　開口まわりの誘発目地

ひびわれの発生状況とその原因

Question 13
1階の腰壁にひびわれが多く発生しますが，なぜですか？

Answer

　1階の腰壁部は**図1**に示すように，ひびわれが特に発生しやすい部位です。1階の腰壁部にひびわれが発生しやすい理由は，下部構造が地中にあるため，その部分には乾燥収縮がないので，腰壁の乾燥収縮分がそのままひびわれ発生につながるから（2階以上では，下層の収縮分だけ応力の緩和となるが，1階にはそれがない）と考えられます。そして，その発生量は壁厚，鉄筋比等の違いにあまり関係なく，約1m間隔に発生することが多いようです。おそらく，下部構造にアンカーされた縦筋がコンクリートの収縮を拘束するためではないかと思います。

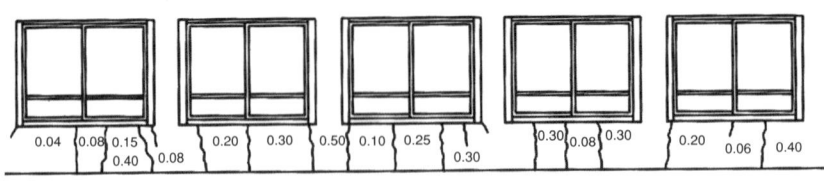

図1　腰壁のひびわれ発生状況

対策

　腰壁対策としては，次の4つが考えられます。
　(1) 誘発目地のピッチを1m程度とする。
　(2) 誘発目地間隔を3m以下にし目地部の横鉄筋を半分切断するか，スリット目地とする。
　(3) 仕上げ前の点検により，ひびわれの補修を徹底させる（ただし，コンクリート打設後4ヶ月以上とれる場合）。
　(4) 横筋量を0.5%以上に増やし，ひびわれの分散を図った上で，ゴム弾性系の吹付タイル仕上げとする。

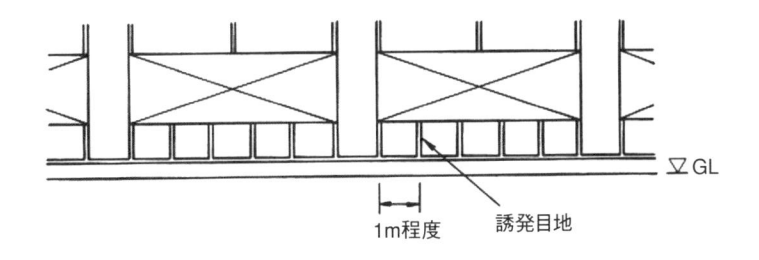

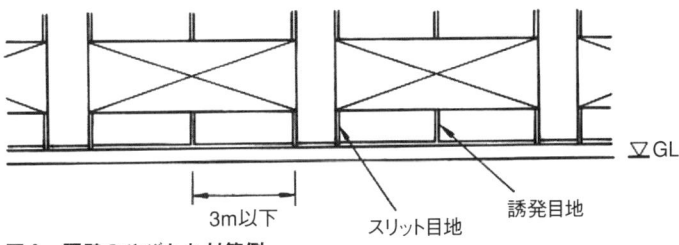

図2 腰壁のひびわれ対策例

Question 14
デッキプレート床はひびわれが多いと聞きますが，なぜですか？

Answer

　デッキプレート床には，いわゆる一方向配筋のスラブ，普通のスラブ配筋のスラブおよび合成床版構造用デッキを用いたスラブがありますが，いずれもひびわれが多く，問題になることがあります。

　デッキプレート床にひびわれが多いのは，次のような理由によるもので，施工上の対策で防止するのは不可能ですし，設計上で防止するのもなかなか困難と考えられます。

(1) 乾燥収縮しない鉄骨梁の上に，乾燥収縮するコンクリートのスラブを打つために拘束が強くなることが最大の理由。

(2) 一方向配筋の場合，単純支持スラブ構造となっているので，積載荷重による引張力と収縮による引張力により，梁の近傍にひびわれが発生しやすくなる（図1）。

(3) 断面の凹凸があるデッキプレートは，梁付近の薄い断面部にひびわれが発生しやすくなる（図2）。

(4) 一方向配筋や，いわゆる合成床版構造用デッキを用いたスラブは，一般に鉄筋量が少ないので，ひびわれの幅が大きくなり，特に目立つ（図3）。

(5) デッキプレートはコンクリートの余剰水が抜けにくいため，乾燥収縮率が比較的大きくなることも影響していると思われる。

(6) デッキプレートが小梁の上に連続して敷かれている場合は，コンクリートの打設中の振動やたわみ等が，すでに仕上がった部分にまで伝わる可能性がある（図4）。

(7) これは直接の原因ではないが，デッキを使う複合スラブを開発しているメーカーが，ひびわれがでることを設計者に伝えていないことも，問題が大きくなる原因と考えられる。

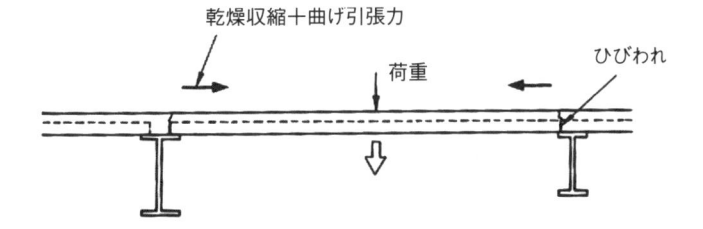

図1 乾燥収縮と積載荷重による引張力

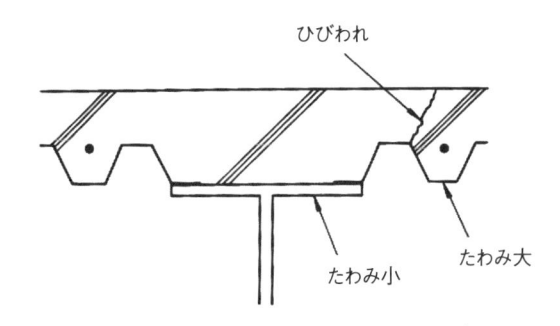

図2 リブの山部のひびわれ

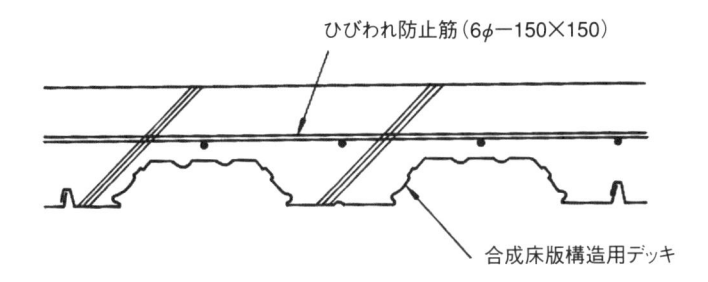

図3 合成床版構造例

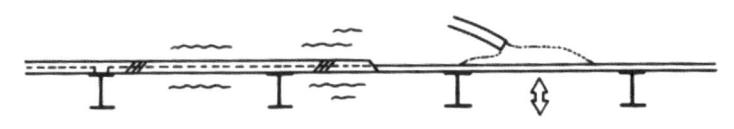

図4 コンクリート打設中の振動

ひびわれを調査した例を**図5**に示しますが、デッキプレート床の場合はおよそこの様な状態にひびわれが発生します。

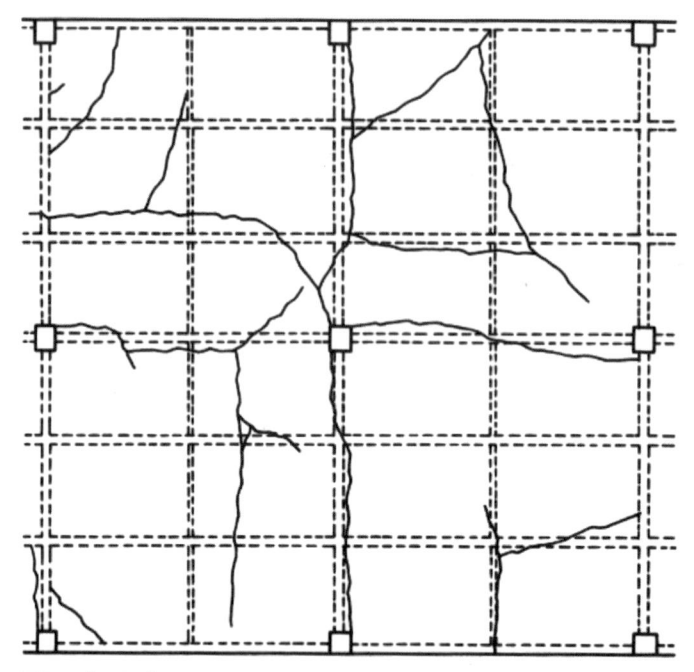

図5 デッキプレート床のひびわれ例

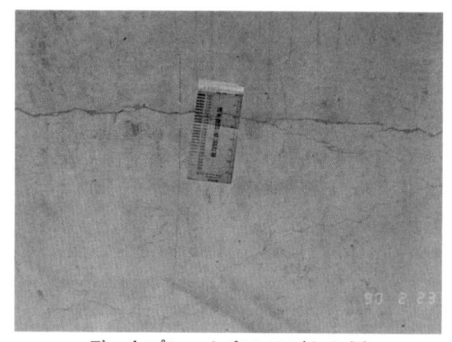

デッキプレート床のひびわれ例

ひびわれ対策

本格的にひびわれを少なくしようとすれば、コンクリートの単位水量を少なくし、コンクリートに膨張材または収縮低減材、あるいはその両方を混入して収縮

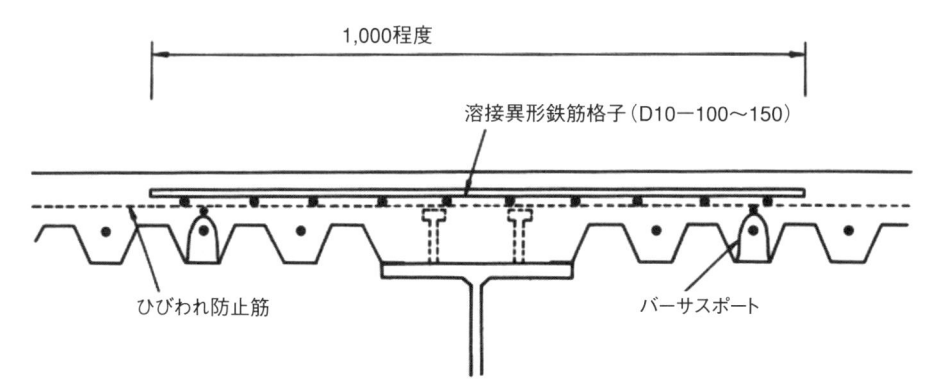

図中ラベル:
- 1,000程度
- 溶接異形鉄筋格子（D10－100〜150）
- ひびわれ防止筋
- バーサスポート

図6 ひびわれ対策例

そのものを少なくする以外に方法は今のところありません。しかし，非常に高価なコンクリートになり一般的に採用するのは無理でしょうし，構造上は問題のないひびわれのはずですから（問題があれば，構造設計上に問題があることになる），耐久性上の問題がでない程度にひびわれを分散して細かくすれば，よいでしょう。

　美観的な問題まで解決しようとすれば，仕上げ材に頼るしかありません。

(1) 大梁・小梁上に**図6**のように溶接異形鉄筋格子（D10-@100〜150程度）を入れる。この場合高さを確保するために，しっかりとしたスペーサを使用する。

(2) 上端鉄筋がないとき，床全面にひびわれ拡大防止筋として，溶接異形鉄筋格子を上端に入れる。また，鉄筋格子は梁をまたぐようにして入れ，梁の付近でジョイントしない。

(3) 打設するコンクリートの単位水量を175kg/㎥以下にし，ブリーディング水をできるだけ除去する。また，打設後は散水その他の方法で，急激な乾燥を避ける。

　もちろんこれらの対策で，耐久性上有害なひびわれが完全に防止できる保証はありません。有害なひびわれが発生したら補修するようにします。

　最近の設計では，デッキプレート床の場合，ひびわれ誘発目地を設けたものもたまに見受けますが，採用する場合には構造上・機能上の検討が必要でしょう。しかし，デッキプレートを使うとひびわれが多くなるとの認識が広まってきたことは，施工者としては嬉しいことです。

　フォークリフト等の重量物が走行する建物にデッキプレートを採用する場合は，乾燥収縮ひびわれと共に，走行によるひびわれが多発しますから，構造上の慎重な検討が必要です。

Question 15
倉庫・工場などの土間にひびわれが多いのは，なぜですか？

Answer

　土間ひびわれの発生原因は，地盤沈下，重量物の走行およびコンクリートの乾燥収縮に大別できます。

　地盤沈下は，造成地盤等の長期にわたる圧密沈下，盛り土や土間コンクリートの重量による地盤の圧密沈下，埋め戻し土の転圧不良などに分類でき，設計者に責任があるものと，施工者に責任があるものとがあります。

　重量物の走行によるひびわれについては，設計者が路床・路盤の仕様，土間コンクリートの厚さ，強度，配筋等を適正に決めることが重要です。

　乾燥収縮ひびわれは材料が持つ特性と，周辺の梁があまり収縮せずに土間のみが収縮するという構造形式からくるものですから，どちらの責任というわけではありませんが，ひびわれを少なくするための誘発目地の配置，ひびわれを大きくしないための配筋，防湿フィルムの有無などは設計者が決めなければならないことです。

　なお，防湿フィルムを入れると，地盤からの湿気が遮られるため土間のコンクリートが乾燥しやすく，ひびわれ多発の原因となります。したがって，床の仕上げ材が湿気を嫌わない場合，また内部の環境がある程度湿気ても構わない場合等は防湿フィルムを入れない方がよいようです。

　土間でもスラブ構造の場合は誘発目地が一般的には採用できませんから，ひびわれが分散多発することを覚悟しなければなりません。

ひびわれ対策

(1) 造成後地盤の沈下が予想されるような場所では，スラブ形式，杭支持形式とするか，地盤改良等の配慮が必要。

(2) 埋戻しに用いる客土や転圧地業の材料を明示するか，最終的に達成したい転圧後の性能を明示する（根切土を埋戻しに使用するのか，良質土を用いるのか，予算が大幅に異なるためです。なお，製鋼スラグは膨張するおそれがあるので使用しない方がよい）。

(3) 防湿フィルムの必要性を検討する。
(4) 誘発目地間隔およびその仕様を明示する（4m間隔以下にすると，かなり利くようです。また，スリップバーを用いた伸縮目地も効果的です）。

【カット目地】
　　コンクリート打設から4日目内外（冬期は5日）にコンクリートカッターで，深さ30～50mmの目地をつくり，その部分に，目地まわりのコンクリートの欠けを防ぐため，目地切り後直ちに貧調合モルタル詰めを行うもの。
　　なお，コンクリート打設の翌日でもカットができる機械もある。

【打継ぎ兼用目地】
　　打継ぎ部の段差が問題となることがあるので，位置について発注者側との打合せを要す。少なくとも，鉄筋は切断しないか，スリップバーを入れる。貧調合モルタル詰め用の目地を設ける。

(5) 配筋は，シングル配筋の場合コンクリート断面の下部にかぶり厚60mmをとるようにして配筋する。収縮によるひびわれ拡大防止のためには，さらに溶接金網を上筋として入れる。
(6) コンクリートスランプは15cm程度とし，養生は一般スラブと同じとする。

土間のひびわれ間隔は，防湿シートがある場合**Q28**の**図1**で求められる値にかなり近いようです（ただし，収縮率を$3～4×10^{-4}$としD10の配筋の場合）。

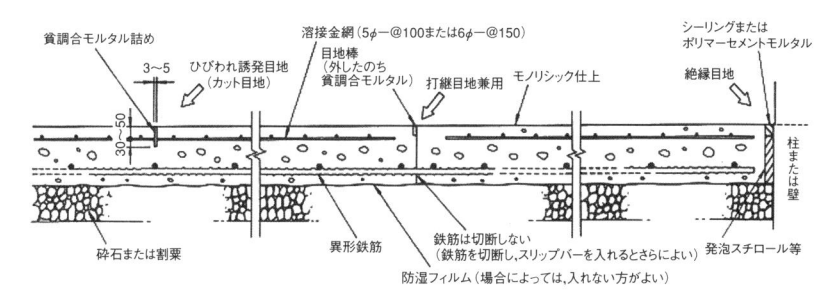

図1　土間詳細図

Question 16
パラペットに細かいひびわれが多く発生しますが、なぜですか？

Answer

理由として3つ挙げることができると思います。

パラペットのひびわれ

(1) パラペットは一般に成が低くく、このためにひびわれの間隔が狭くなる

　一般の壁については、誘発目地の間隔は3m程度ですが、これは、目地がなくてもひびわれが3m程度の間隔に発生するためにこのようにしているわけです。パラペットは成が低くく、かつ3方から乾燥するために乾燥収縮も速いと考えられ、このためにおそらく1階の腰壁のように、縦筋の拘束により、ひびわれ間隔が狭くなるのであろうと思われます。ひびわれ間隔が狭いということは、ひびわれの幅は細かくなるということになります。

(2) パラペットは直射日光の影響で、表面の乾燥が速い

　直射日光が当たると、輻射熱でコンクリートの表面の乾燥が急激に起こります。このために、内部より表面の乾燥収縮が早いため、表面のみに亀甲状の細かいひびわれが発生します。

　このひびわれが、コンクリート全体の乾燥収縮が進行するにつれて、拡大し、目に付くようになります。この時亀甲状のひびわれ全部が同時に拡大するのではなく、先に拡大したひびわれで、収縮応力を解除できなくなると次のひびわれが

拡大するという具合に，段々とひびわれの本数が多くなると考えられます。

(3) 屋上のスラブ・梁の熱膨張で，パラペットが引っ張られる

　最近は，外断熱の防水がかなり普及してきましたので，そのような建物では，この心配はありませんが，スラブの下端に断熱材を取り付ける内断熱の場合は，屋根スラブや梁が日光の輻射熱で暖まり，膨張するために，パラペットを引張り，ひびわれの原因となります。

　パラペットも日光の輻射を受けるわけですが，単位当たりの表面積が大きいパラペット，表面積が小さい屋上スラブでは，温度に差を生じるために，パラペットのひびわれの原因になります。

　内断熱の露出防水の場合には，防水層表面のシルバー塗装が退色すると輻射による温度が高くなりますから，この現象が特に顕著です。

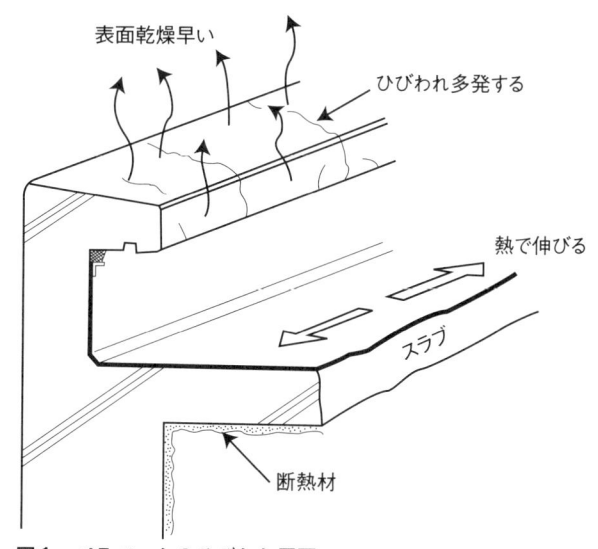

図1　パラペットのひびわれ原因

　以上のような理由で，パラペットには細かいひびわれが多数発生し，それが漏水の原因になることもありますから，パラペットについては，誘発目地でひびわれを制御するのでなく，塗膜防水で対処する方が得策と思われます。

Question 17
コンクリートの乾燥収縮は，コンクリートのひびわれ以外の不具合の原因にならないのですか？

Answer

建物のひびわれの問題ではないので，本題ではありませんが，お答えします。

コンクリートの収縮は，建物の場合，ひびわれと建物の収縮（ひびわれに関しては拘束を緩和することになる）の二つの現象として現れます。

建物が収縮するという実感はなかなかないと思いますが，意外にこれによる不具合は多く発生しています。不具合を次に幾つか述べますが，まとめると，収縮する躯体に収縮しない材料を取り付けたために起る不具合と，収縮する建物の取合い部分に起る不具合とに分けられます。事例を参考にして，類似の不具合を防止していただきたいと思います。

（1）収縮する躯体に収縮しないものを取り付けたために起る不具合

タイルや張り石が剥離する原因は，躯体の収縮ばかりが原因ではなく，タイルなどの熱膨張等も関係していますが，躯体が収縮しなければ，現在のように剥離防止に苦労することはないだろうと思います。

もう25年程以前のことですが，石材の施工会社の社長と雑談しているときに，最近は張り石がはらんだり，割れることが多くて困る，以前はこのようなことは無かった，ということが話題になりました。当時はコンクリートと言えばスランプ21cmが常識で，急施工かつ大規模工事が多くなり始めた頃であり，コンクリート建物の収縮が原因だろうとの結論になりましたが，もちろん石張りの乾式工法が普及する以前の話です。

明らかに躯体の収縮が原因であろうと考えられる現象として，次のような例があります。

・内壁の突付けタイル張りの剥離

内壁にタイルをエポキシ樹脂で突付け張りしたところ，1年後に，剥離または突付け部分のタイルが欠けた。

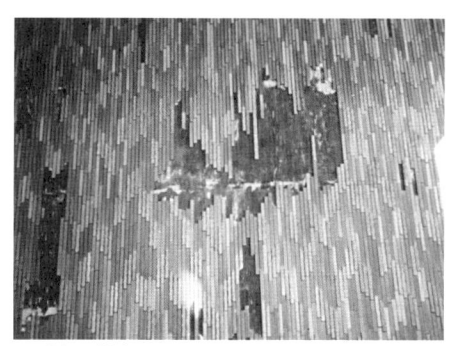

エポキシ樹脂でタイルの小口を突き付けにして　小口のせり合いでタイルがハマ欠けしている
張った剥離例

・内壁の大理石張りの合端の欠け

　大理石は眠り目地で張りますが，目地の隙間を嫌ってセメントで目潰しをすると躯体の収縮で合端が欠けることがあります。特に躯体の柱で石の動きが拘束されている場合には，発生する可能性が極めて高くなります。

　石の巾木にはよく見られた現象です。

　このような現象が起こった建物は，皮肉なことに，きちんと施工されたものばかりでした。多少いいかげんな施工の方が動きに対する逃げがきくということでしょうが，事前に対策を立て，施工する必要があります。

・内装タイルの剥離

　最近は内装タイルをセメント系の張り付け材で張ることは少なくなりましたが，以前はセメントモルタルで張っていたため，10年程度経過して剥離してはらむ事故が多くありました。これなどは，躯体が収縮するために接着界面に生じるせん断力に，耐え切れなくなって，剥離し，躯体が縮んでいることにより，タイル仕上げ面が座屈してはらんだと考えられます。

・外装レンガ積みのひびわれ

　鉄筋コンクリートの躯体に，レンガを伸縮目地なしで取り付けたところ，コンクリート庇など，レンガと接していて収縮による動きが拘束されている部分でレンガが割れたり，コンクリートが欠けた。また，コンクリートのパラペットとレンガを貫通しているステンレス製のオーバーフロー管が曲がった。

(2) 収縮する建物の取合い部分に起る不具合

　エキスパンションジョイント部に見られる不具合です。

　屋内のエキスパンションジョイントにカバープレートを被せる納まりの場合，

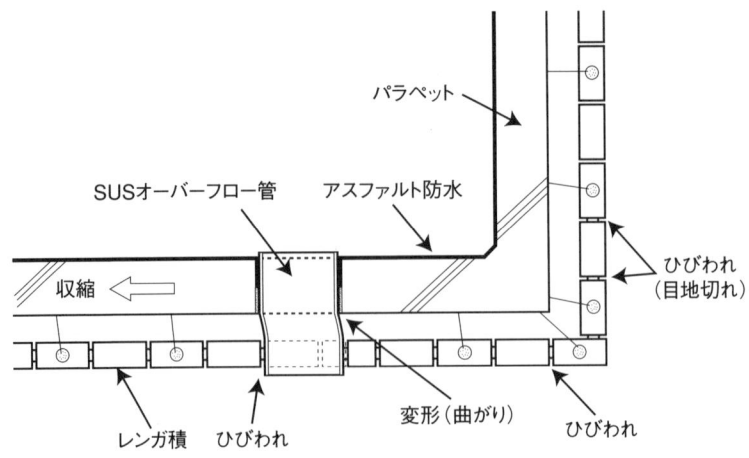

図1 躯体コンクリートの乾燥収縮による不具合例

(図中ラベル：パラペット、SUSオーバーフロー管、アスファルト防水、ひびわれ(目地切れ)、収縮、レンガ積、ひびわれ、変形(曲がり)、ひびわれ)

壁面を仕上げてからカバープレートを取り付ける場合は問題ないのですが，壁面が下塗の状態で取り付けて，その後上塗りをする場合があります。このようにすると，数年で建物が縮むために，カバープレートで隠れていた下塗部分が露出してくることがあります。

これはいかにも仕上げが杜撰であったように見え，見栄えよいものでありません。

また，RC造の建物と建物を渡り廊下でつなぐ場合，建物にあごを設け，鉄骨梁を架け渡して渡り廊下を造ることがありますが，梁のアンカーボルト部分をルーズホールにしてスライドする支承にしておかないと，両サイドの建物が収縮するために，アンカーボルトにあごが毟り取られるようなかたちで破壊することがあります。

本来なら，この部分は当然地震対策としてスライドする機構にするものですが，施工誤差などでボルト位置がルーズホールいっぱいになっていたり，間違ってナットを締めすぎるなどして，上手くスライドしないときに起る不具合です。地震が無ければ大丈夫などと考えていると，数年で不具合として現れます。

かなり大規模な平面形状がコ形の9階建てのオフィスビルの上に，ほぼ同平面の増築工事をしたことがありますが，既存の建物の9階を実測すると図面よりやや小さく，かつ矩が多少狂っていました。既存の建物は，錚錚たるメンバーが施工しており，実測が間違いではないかと，数回やり直した経験がありますが，これなども，原因は建物が収縮し，形状がコ形であったため，多少歪みが生じていたためと考えられます。

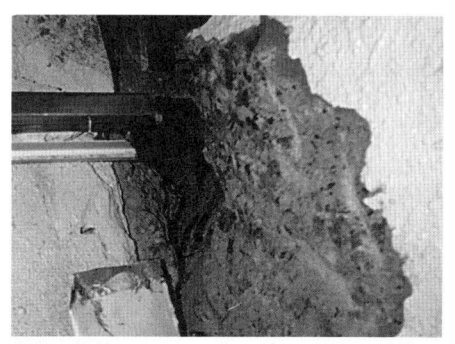

躯体の収縮によるアンカーボルト周囲の破壊

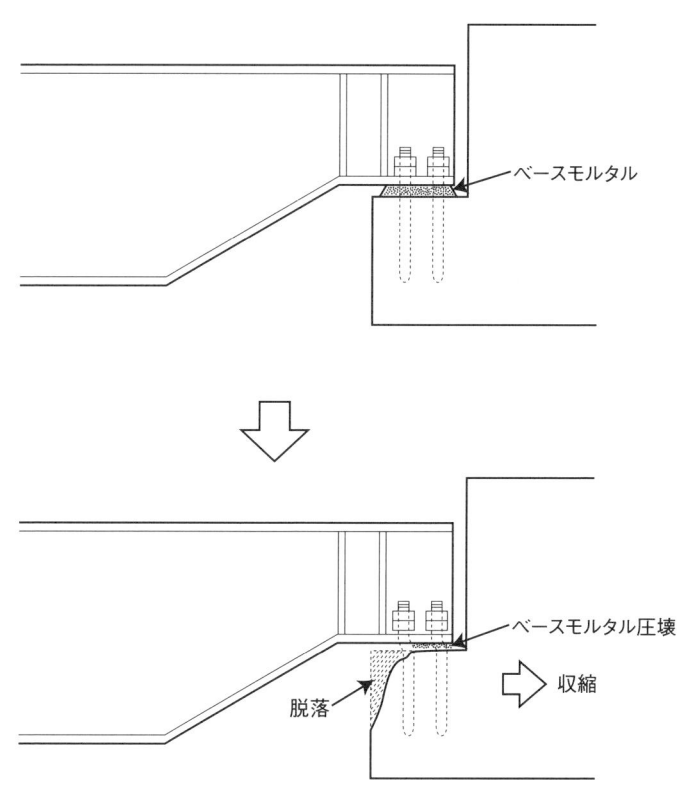

図2 躯体の収縮による不具合例

ひびわれの発生状況とその原因

Question 18
厚いスラブや壁に亀甲状（網状）にひびわれが発生するのは、なぜですか？

Answer

理由としては2つが考えられます。

(1) 内外の収縮速度の差

Q6の図2内部湿度分布の推移，厚さ40cmに示したように，厚い部材は部材の乾燥状態が表面付近と内部では大きく異なります。すなわち乾燥の速い表面付近が早く収縮するため，内部に拘束されて，細かくひびわれるわけです。この場合ひびわれのパターンは初期乾燥ひびわれと同じように亀甲状（網状）になります。

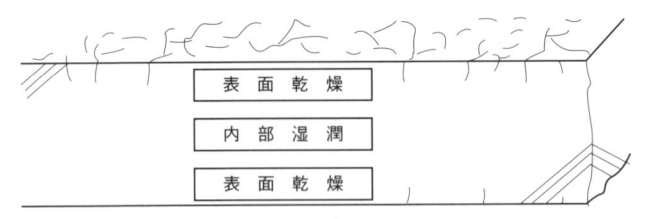

図1　厚いコンクリートの表面ひびわれ原因

(2) 表面付近は鉄筋による内部拘束が大きい

厚いスラブや壁は一般に鉄筋量が通常の断面に比較し，表面付近に集中しますから，ひびわれは，分散する傾向があります。(1)の理由で発生するひびわれが，無筋の場合より分散して細かく発生していることが考えられます。

影響が大きい理由は(1)であると考えていますが，このように壁が厚い場合は，乾燥が内外均一に進行しないという，コンクリートの性質が強く出ることと，鉄筋による部材表面の拘束が強いため，誘発目地による，ひびわれの制御が難しくなります。配筋に手を加えない通常の誘発目地で乾燥収縮ひびわれを制御できる壁厚は，経験上，最大で300mm程度までと思われます。

マスコンのように，コンクリートの全断面が短期間に同時に収縮する場合は，厚い場合でも誘発目地の効果がかなりあるようです。

設計段階での対策

- Q19 ひびわれ対策には,何がありますか?
- Q20 ひびわれ対策の手順は,どのようにするのですか?
- Q21 鉄筋コンクリート構造物の拘束を緩和させるには,どんな方法がありますか?
- Q22 誘発目地を入れる場合の間隔・位置は,どのようにしたらよいですか?
- Q23 誘発目地の断面形状は,どのようなものが適当ですか?
- Q24 斜め誘発目地は,どのように入れるのですか?
- Q25 外壁に誘発目地をとると,外壁の耐震性が低下しますか?
- Q26 誘発目地に用いるシーリング材は何が適当ですか?
- Q27 コンクリートの内部拘束力増強には,どんな方法がありますか?
- Q28 有害なひびわれ幅以下にするには,鉄筋比をどのくらいにすればよいですか?
- Q29 壁を厚くすればひびわれは少なくなりますか?
- Q30 窓の両側に誘発目地を設けたくないのですが,どうしたらよいですか?
- Q31 かくし誘発目地は,どのように造るのですか?
- Q32 建物端部に発生する斜めひびわれには,どんな対策をとればよいですか?
- Q33 屋根およびスラブのひびわれ防止対策のポイントは何ですか?
- Q34 バルコニーなど持ち出し部分のひびわれ誘発目地は,どのように入れるのですか?
- Q35 防水押さえコンクリートのひびわれ対策は,どのようにすればよいですか?
- Q36 断熱防水はひびわれ対策に有効ですか?
- Q37 その他設計段階でのひびわれ対策は,どのようなものがありますか?
- Q38 外壁仕上げ材がゴム弾性系の吹付けタイルの場合,ひびわれ対策は不要ですか?
- Q39 壁の誘発目地の効果が期待どおり得られなかったのですが,なぜですか?

Question 19
ひびわれ対策には,何がありますか?

Answer

　これから,設計段階,調合段階,施工段階に別けてひびわれ低減対策を各Qで詳しく述べますが,これらの対策は大別すると,①コンクリートに働く引張力を低減させる方法,すなわち収縮しようとするコンクリートを拘束する力を全体的にあるいは部分的に弱める拘束緩和の対策と,コンクリートの乾燥収縮を小さくする対策。②内部拘束を強くしてひびわれさせる力を分散させることにより,ひびわれを細かく分散させて無害にする方法。③コンクリートが部材として引張に抵抗する力を強くさせる方法。それと④仕上げ材でカバーする方法とがあります。

　仕上げ材でカバーする方法は別にして,個々の対策を上述の目的別に分類すると**表1**のようになります。

表1 ひびわれ低減対策

目的＼ステップ	段階設計	調合段階	施工段階
引張力を低減させる方法	◎エキスパンションジョイント ◎壁構造的構造 ◎複雑な建物平面形状 ◎はね出し壁 ◎PC板化 ◎誘発目地の採用 ◎スリット目地の採用 ◎縦長開口の採用 ●プレストレス工法 ◎外断熱防水 ◎不同沈下対策	◎単位水量低減策 　良質骨材 　実績率大 　砂率の減 　高性能AE減水剤 ●膨張セメント ◎収縮低減剤 ●マスコン対策 　（セメントの種類・量減少）	◎コンクリートの分割打設 ◎収縮帯 ◎低スランプ打設 ●適正な打継位置 ●支保工の適切な管理
引張力を分散させる方法	◎鉄筋補強 　（開口部・建物端部など）	●繊維補強コンクリート（スチールファイバー・グラスファイバー・カーボンファイバー等）	●鉄筋位置の確保 　（かぶり厚さの過大過小防止）
引張に抵抗する力を増強させる方法	●壁厚の増加 ●埋込配管の禁止	●回収水の管理強化 ●泥分の少ない骨材	●散水養生の実施 　（初期ひびわれ防止） ●スラブ，梁コンクリートの再振動 　（タンピング）

◎は特に効果が大きいと考えられる対策

　実際の建物を設計する場合には，これらの方法をいろいろ組込んでひびわれ対策を考える必要があるわけです。

Question 20
ひびわれ対策の手順は，どのようにするのですか？

Answer

(1) ひびわれ発生のしやすさの評価を行う

　ひびわれ発生のしやすさは，部分的な発生のしやすさと建物全体としての発生のしやすさに分けて評価します。定量的な評価はできないので，発生しにくいか，発生しやすいかの評価基準をつくってみますと，**表1**のようになります。この表はこの本の各項で述べている内容をまとめたものなので，理由などはその部分をお読み下さい。実際に建設しようとする建物をこの表に当てはめてみます。設計段階で詳細が未定の場合には予定なり，推定なりしてみます。この表からは，どの部分はひびわれがしやすいという情報と，建物全体としてひびわれが入りやすいかの情報の二つの情報が得られます。

(2) 得られた発生のしやすさ情報に応じて対策を選定します（各項目参照）

　部分的発生のしやすさの対策は，部分対策と全体対策でカバーします。例えば，誘発目地間隔と鉄筋比の関係の評価が"発生しやすい"となった場合，第一の対策としてはその部分対策としてその項目内での対策を考えます。誘発目地も鉄筋比も変更できないとなるともはや全体対策に頼らざるを得ませんので，建物全体としての発生のしやすさ評価が"発生しにくい"となる項目を多くする努力が必要となります。また，建物全体としての評価が"発生しやすい"となる項目が多い場合は，部分的な評価が"発生しにくい"となるように努力する必要があります。

表1 ひびわれ発生しやすさ評価

区分		評価項目	発生しにくい	中庸	発生しやすい
部分的な発生のしやすさ	ラーメン内ひびわれ	誘発目地間隔	2.0m以下	2.0〜4.0m	4.0m以上
		鉄筋比 ひびわれ数量	0.3%未満	0.3%以上	0.4%以上
		鉄筋比 ひびわれ大きさ	0.4%以上	0.3%以上	0.3%未満
		窓の形状	縦長窓	横連窓	無窓・ポツ窓
	斜めひびわれ	建物立面の長さ（逆ハひびわれ）	20m以下	20〜40m	40m以上
		屋上防水仕様（最上階のハ字ひびわれ）	外断熱	内断熱・押えあり	内断熱露出
建物全体としての発生のしやすさ		コンクリートの単位水量	170kg/㎥以下	170〜190kg/㎥	190kg/㎥以上
		セメントの種類	膨張セメント	普通ポルトランドセメント 高炉セメント	早強ポルトランドセメント
		開口部の形と量	縦長の開口が多い	中庸	開口部が少ない
		構造形式	壁式構造	RC.SRCラーメン構造	S造の動きを受けるRC造
		外壁形状（平面形状）	凹凸が多い	中庸	矩形
		規模	長さ20m以下	中庸	長さ50m以上
		周囲の環境	寒冷・湿潤	中庸	高温・乾燥
その他の条件		仕上材	タイル・石・モルタル ゴム弾性塗装	打放し 吹付けタイル	打放し化粧仕上 打放しリシン
		庇の有無	有り	—	無し

Question 21
鉄筋コンクリート構造物の拘束を緩和させるには，どんな方法がありますか？

Answer

拘束を緩和させてひびわれを低減させるには，**Q19**の**表1**に示した次のようなものを採用する方法があります。

- ・エキスパンションジョイント
- ・壁構造
- ・PC板
- ・スリット目地
- ・コンクリートの分割打設
- ・複雑な建物平面形状
- ・はねだし壁（持ち出し壁）
- ・誘発目地
- ・縦長開口
- ・収縮帯

以上の方法は効果が大きいのですが，ほとんどが設計の段階でなければ採用できない方法ばかりです。したがって，ひびわれ対策は設計者に真剣に取組んで欲しい問題です。また，ひびわれ対策をデザインに取り入れていくようにすれば，特別費用をかけなくても対策をとり得るというメリットもあります。

では，列挙したそれぞれについて，説明します。

なお，コンクリートの分割打設と収縮帯については**Q50**を参照下さい。

(1) **エキスパンションジョイント（Exp.jまたは伸縮目地という）**

エキスパンションジョイントは主として，地震時に建物に大きな応力が働いて破壊しないように設けられるものですが，収縮に対する拘束緩和にも確実に有効な方法です。

Exp.jを設ける位置は大別すると**図1**のようになります。

図1　伸縮目地の位置

構造上の必要性からは60～80mごとにExp. jを設けることが多いのですが，最近はこれに費用が相当掛かることから，むしろやめる傾向があり，1単位の建物が大型化，長大化しています。

しかし，ひびわれ対策上はむしろExp. jの間隔を狭くしたいところで，望ましくは60m以下にすることを一つの基準と考え，これを越える場合には，別に相当思いきった拘束緩和の手段を考慮する必要があります。

(2) 複雑な建物平面形状（外壁形状）

同一平面上での拘束長さが問題であり，平面的に凹凸をつけることによって，外壁面の拘束が緩和されます。凹凸の出入長さは，長い方が効果的ですが，外壁の位置を柱の両側で外壁側と内壁側にずらすだけでも効果があるようです。

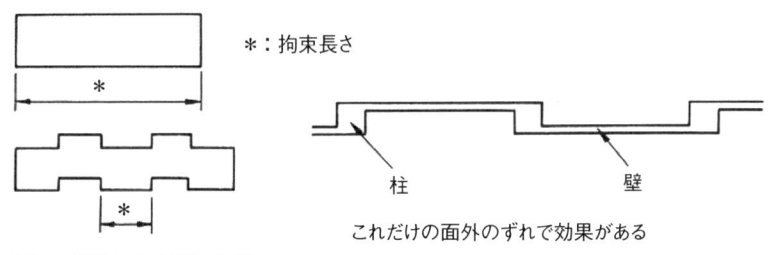

図2　複雑な建物平面形状

(3) 壁構造

壁構造は各部材の断面（厚さ）に大きな差がないため，拘束が弱くまた収縮も均一に進むので一般にひびわれが非常に少なくなります。

(4) 架構（ラーメン）外の壁－はね出し壁－

壁Aはラーメン内にある壁，壁Bはラーメン外にある壁です。壁Bは架構の拘束力を受けにくいため，ひびわれが入りにくくなります。

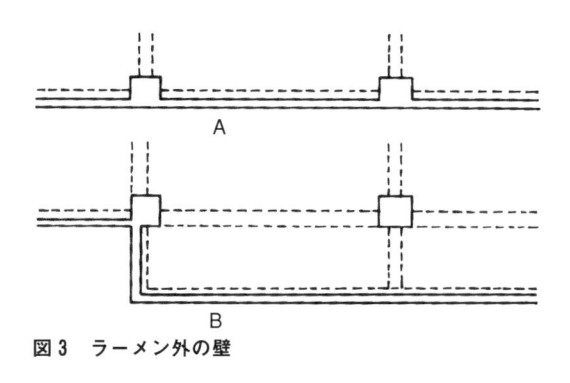

図3　ラーメン外の壁

(5) PC板

　外壁を一様にRCとするのでなく，部分的にPC板，ALC板，カーテンウォール，ハーフPCなどを取り入れることによって，この部分で応力を解放してやるものも効果があります。

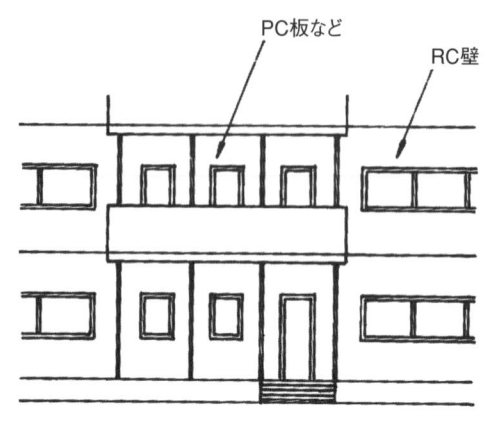

図4　PC板などの活用

(6) ひびわれ誘発目地

　コンクリート構造物にある程度ひびわれが発生してしまうと，ひびわれとひびわれの間は拘束が緩和されひびわれが発生しにくくなるという現象を利用して，あらかじめひびわれしやすいように適当な間隔で目地を設けておき，目地以外にひびわれが発生しにくくするのが誘発目地です。この目地には漏水防止のためにシールをしておきます。

　壁の鉄筋量を，多くすればするほど，発生するひびわれ幅は細かくなります（ただし，ひびわれの数は増える）。誘発目地はむしろひびわれをこの部分に集中させたいところですので，この部分の鉄筋量を少なくしてやれば，誘発目地としての効果が大きくなります。ですから，目地の位置の横筋を1本おきに切り離して配筋することもあります。

　誘発目地の効果を増すためには，通常の配筋を切断するのがよいのですが，耐震壁の場合には，補強筋を入れその補強筋を切断するという手段もあります。これらは設計者の判断で行う必要があります。

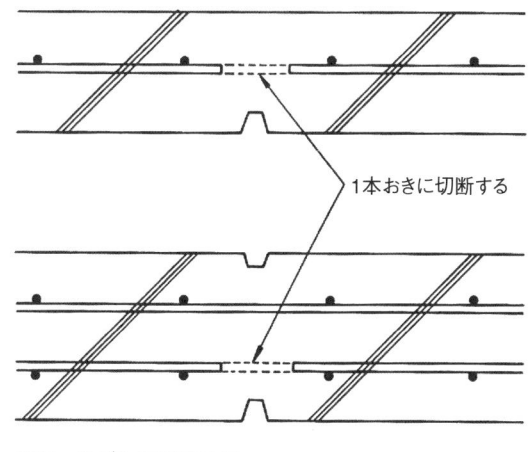

図5　ひびわれ誘発目地

(7) スリット目地

　壁に**図6**のようなスリットが入っていたとすれば，この壁にはほとんどひびわれは発生しません。

　写真は，部分スリットを外れて発生したひびわれです。この写真は壁の厚さの1/2を超える断面欠損があっても，ひびわれがうまく誘発しないこともあること，また，横筋を切断すると，ひびわれ幅は1 mm以上になることを示しています。最

近，シール不要とされる完全スリット材が市販されていますが，このような目地の開き（拡大）に耐えられることが確認されているものを採用すべきです。

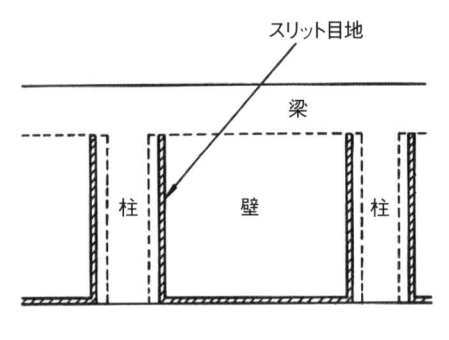

図6　スリット目地

部分スリットを外れて発生したひびわれ

(8) 縦長開口

上記の原理を窓の形状，窓の配置に取り入れて，架構の拘束を緩和しようとする方法です。全面開口のスパンがあるということは，その部分のコンクリート収縮力が他に影響を与えていないことにもなりますので，全面開口の両隣のスパンの壁にはひびわれが入りにくくなります。**図8**の建物は，その一例です。

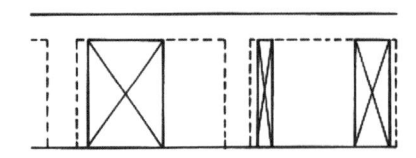

図7　縦長開口

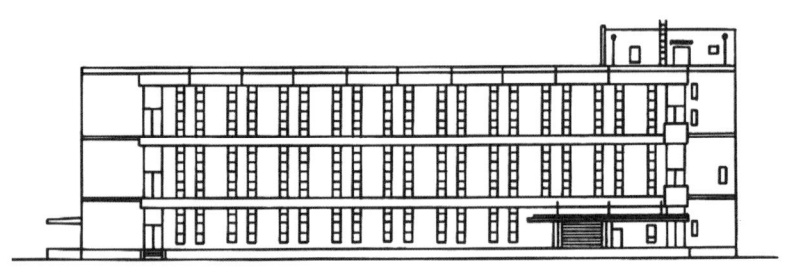

図8　縦長開口適用例

上記 (1) ～ (8) を設計段階のできるだけ上流で取り込むことによって，建物に生ずるひびわれを適当にコントロールすることができます。

Question 22
誘発目地を入れる場合の間隔・位置は，どのようにしたらよいですか？

Answer

(1) 間隔

　外部の拘束が強いほど，ひびわれを起こす引張力は大きくなりますが，内部拘束が弱ければ（鉄筋量が少なければ），一つのひびわれが発生することにより，かなり自由に収縮できますから，ひびわれの数は少なくてすみます。逆に内部拘束が大きいと，ひびわれが発生しても，内部の鉄筋がひびわれの拡大を妨げますから，一つのひびわれで引張力を吸収できる範囲が小さくなります。したがって，内部拘束が大きいとひびわれ幅は小さく，本数は多くなります。

　以上のことから，誘発目地を設ける間隔は，外部拘束の大きさ（架構の収縮量と壁の収縮量との経時的な差）と内部拘束の大きさ（鉄筋比）とから決めることになります。

　しかし，現在のところ計算で目地の間隔を求めるのは，仮定が多くて実際的ではありません。そこで，これまで得た経験からひびわれの入りやすさを三段階程度に評価し，それぞれ標準的な目地間隔を決めておくのが適切な方法であろうと考えています。

　その標準的な目地間隔としては，2m以下，3m以下，4m未満，4m以上の4段階程度がよいようです。

　実際にはスパンの大きさ，窓の位置・大きさ・形，外壁の長さなどにも影響されますし，他のひびわれ対策にも影響されます。また，当然意匠にも影響がありますから，実務的には，意匠を考えつつ，他の対策も組込みながら有効な位置，間隔に目地をいれていくのが現状です。

(2) 位置

①窓がある場合

　窓がある場合には，まず窓まわりの誘発目地の位置を決め，それから，必要な間隔に全体の誘発目地割を決めます。

　窓まわりの誘発目地は基本的には図1のように窓の両側に入れます。建物の中

央付近では**図1**の(1)のように，斜めにする方が有効です。

②無窓壁の場合

　誘発目地は，ひびわれの入りやすい部分に入れると効果的です。したがって，柱の中に誘発目地を設けても有害無益です。

　柱を含んだ壁長さも誘発目地間隔としてチェックの対象としなければなりません。

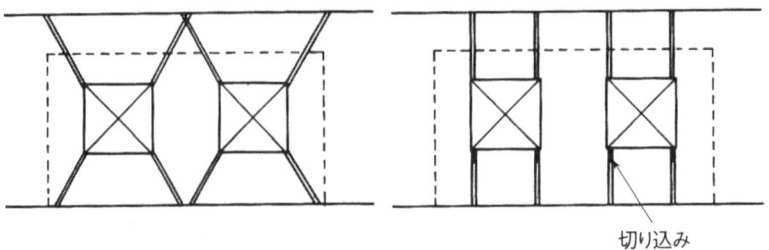

(1) 最も効果的な入れ方　　　(2) 実際的な入れ方

図1　窓がある場合の誘発目地位置

表1　誘発目地の標準的な割り付け

スパン長さ	6,000の場合	7,000の場合
1スパンに均等に2本入れる場合	3,000　3,000　3,000	3,500　3,500　3,500
柱際とスパン中央に入れる場合	1,200　2,400　2,400　1,200	1,200　2,900　2,900　1,200
1スパンに均等に3本入れる場合	2,000　2,000　2,000　2,000	2,334　2,333　2,333　2,334
組合せ例	1,800　2,100　2,100　1,800	1,200　1,450　1,450　1,450　1,200

窓のない建物でデザイン上の影響がない場合誘発目地を入れる位置としては，**表1**のようになります。

図では，梁の部分にも誘発目地を設けてありますが，構造設計によっては，梁には設けられない場合もありますので，構造設計者と協議してください。

壁の誘発目地の延長上に，梁にもひびわれが発生しますので，止水上からは，梁にも誘発目地を設ける方が安全です。

③デザインを優先せざるを得ない場合

誘発目地の採用初期の頃は，誘発目地の設置そのものが，デザインに合わないので採用しないという設計者も多かった様ですが，誘発目地がひびわれ対策にとって有力な手段であることが認められるようになって，現在ではむしろ目地のない建物の方がめずらしいようです。

多くの場合，誘発目地の間隔や，配置が自由に選べるわけではなく，図のようにサッシの配置状況や全体デザインとの関係から入れたい位置が決まってくる場合も多いのです。本来入れるべき位置と，デザイン上から入れたい位置が違った場合どちらにするかは，最終的には設計者の判断となります。この場合大切なことは本来入れるべき部分に入れなかったことによる弱点を，他の設計上の対策で補っておくことです。

他の設計の対策とは，これまで述べてきたことやこれから述べる対策の中から選択することになりますが，例えば**図2**の腰壁の誘発目地のピッチ不足に対しては，目地をスリット化する（横筋を切る）とか，**図3**の窓の両側にかくし誘発目地（後述）を入れるなどの方法や，腰壁を逆梁としてしまう方法などがあります。

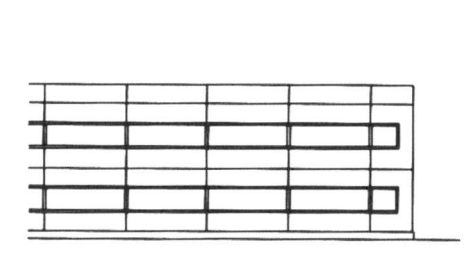

図2　連窓の方立に合わせたい

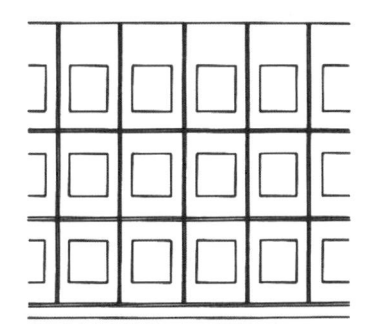

図3　PC板のように見せたい

Question 23
誘発目地の断面形状は，どのようなものが適当ですか？

Answer

　誘発目地の断面を決める上で最も大切な点は，誘発目地の深さです。誘発目地とするからには，最低で総壁厚の15％以上の深さにする必要があります。コンクリートができるだけ若材齢のときにひびわれを誘発させる方が集中させる効果が大きいので，できれば20％以上の方が目的に合います。

　壁厚が厚くなると，片側のみの誘発目地の設置だけで，所要の深さをとることが難しくなってきますので，図1のように内部側にも目地を設けたり，目地の位置に塩ビパイプを埋込むなどして所定の深さを確保するようにします。

　15％という数字は，経験的にこの程度ならほぼ100％ひびわれが誘発するという値であり，15％未満でもコンクリートに断面欠損を与えるとそこに応力が集中するため，ひびわれは入りやすくなります。深さ5mmの化粧目地にほぼ100％ひびわれが発生した建物の例もありますから，安易に無防水の化粧目地を採用するのは避けるべきです。

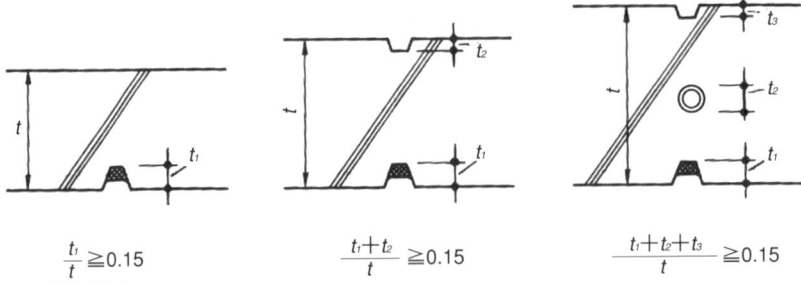

$\dfrac{t_1}{t} \geqq 0.15$　　　$\dfrac{t_1+t_2}{t} \geqq 0.15$　　　$\dfrac{t_1+t_2+t_3}{t} \geqq 0.15$

図1　誘発目地

断面形状

　目地形状としては，2段目地，ストレート目地，既製品目地に大別され，最近はストレート目地の採用が増えています。2段目地とストレート目地の比較を表1に示します。

表1 目地形状の得失

	2段目地	ストレート目地
耐久性確保	△シーリングの位置は固定	○シーリングの位置が変えられる
構造耐力に及ぼす影響	優劣なし	優劣なし
目地棒の取付け取外しやすさ	△孫目地がつぶれたり欠けたりして，施工性は悪い	○取付けやすく取外しやすい
シーリングの断面確保	○厚みの管理が容易	△厚みの管理が難しい
コスト	△目地棒代は高い ○シーリング代は安い	○目地棒代は安い △シーリング代は高い
タイル，モルタル仕上げ時	優劣なし	優劣なし
ひびわれ誘発位置	△親目地に入ることあり また孫目地が欠けることあり	○目地底に入る
総合	○‥‥‥‥2 △‥‥‥‥4	○‥‥‥‥4 △‥‥‥‥2

2段目地の場合，最も注意しなければならない事項は，図2のaの寸法の取り方です。図2の右図のようなプロポーションでは，親目地コーナーにひびわれが

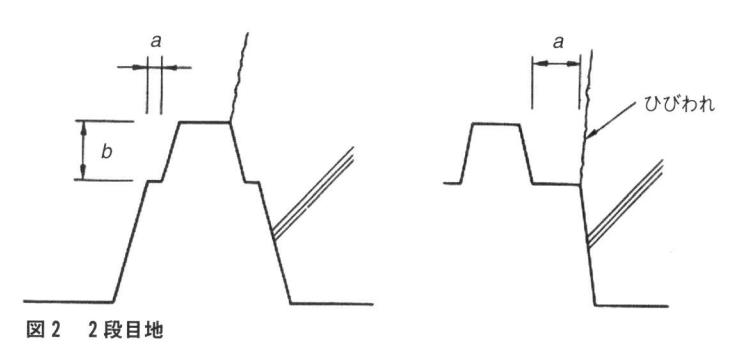

図2 2段目地

入る可能性があります。aの寸法を$a \leqq 1/2b$とすれば，かなりこの現象を防止できるようです。

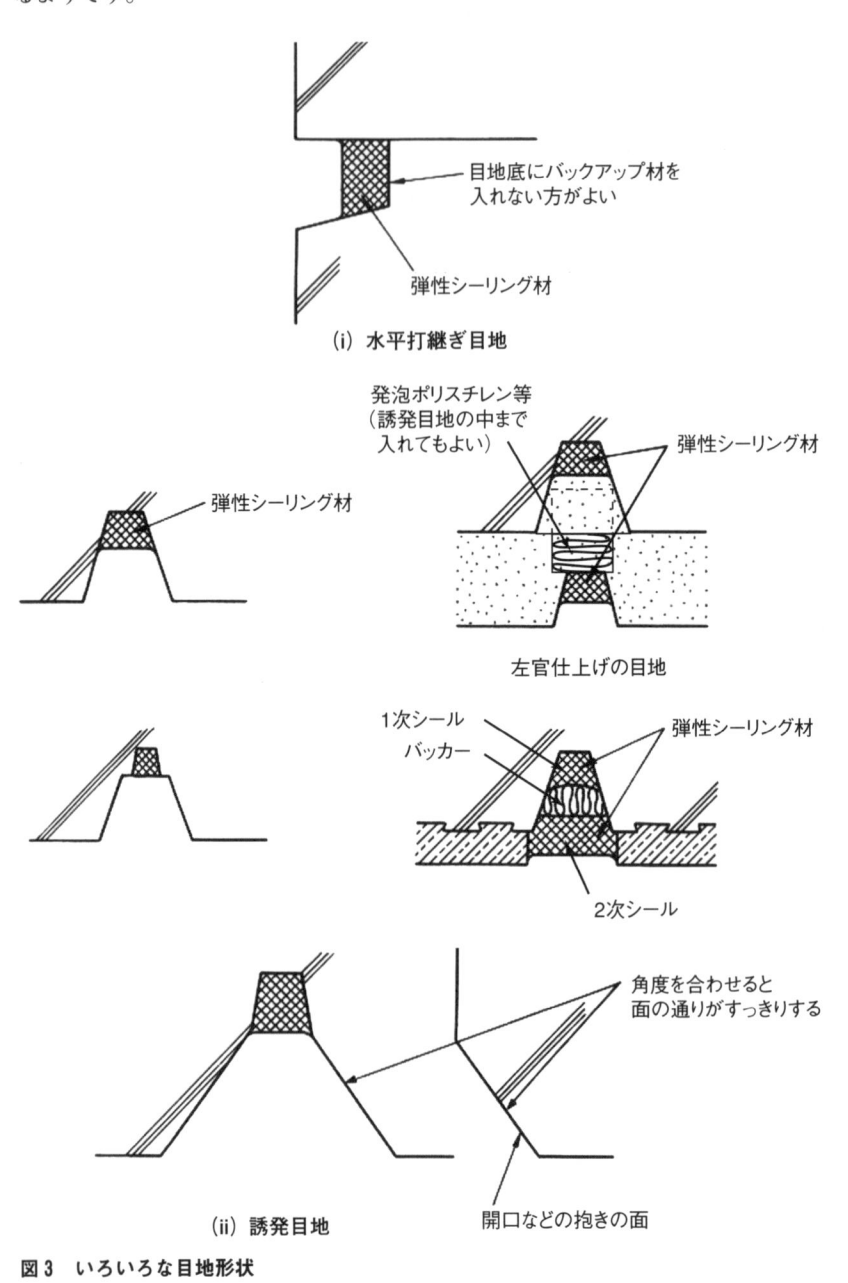

目地底にバックアップ材を入れない方がよい

弾性シーリング材

(i) 水平打継ぎ目地

弾性シーリング材

発泡ポリスチレン等
（誘発目地の中まで入れてもよい）

弾性シーリング材

左官仕上げの目地

1次シール
バッカー

弾性シーリング材

2次シール

角度を合わせると面の通りがすっきりする

(ii) 誘発目地

開口などの抱きの面

図3　いろいろな目地形状

Question 24
斜め誘発目地は，どのように入れるのですか？

Answer

長大な建物に発生するひびわれを防止するには，これまで述べてきた垂直の誘発目地では，不可能ということから考えられた方法です。誘発目地はひびわれの入りやすい場所へ，またひびわれの入りやすい方向に入れるのが効果的です。建物に入るひびわれは，建物の両サイドを45°とする扇子の骨状に入る傾向にありますので（図1），斜め誘発目地はそれに沿って入れるのが最も効果的と言えます。

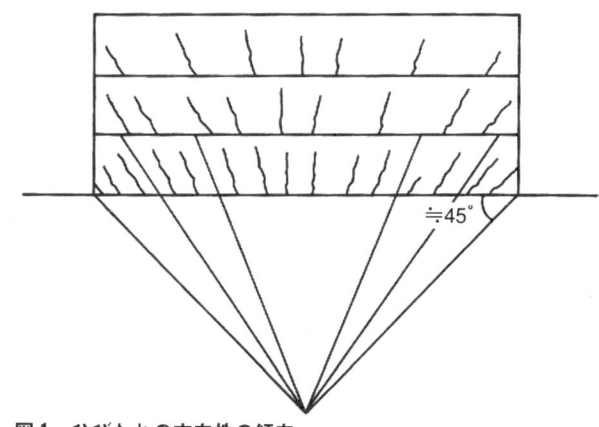

図1 ひびわれの方向性の傾向

斜め誘発目地の深さは一般の誘発目地と同様にします。入れる位置は，図2のようにしますが，建物の端部，GLに近いスパンほど本数を多くするのがよいようです。

窓がある場合には，窓のコーナーにかかるよう斜め誘発目地を設置するのが効果的です（図3）。

また最上階は，たすきがけに入れるようにします（図4）。

図5は，斜めかくし誘発目地（Q31参照）を設けた事例です。斜め誘発目地内にひびわれが発生していて，斜め目地が有効であることを証明しています。1階端部は1スパンのみでなく，2スパン目にも斜め目地を設置する方がよい。また1階に

ついては，斜め誘発目地の設置本数を4～5本/1スパンにする方がよいようです。

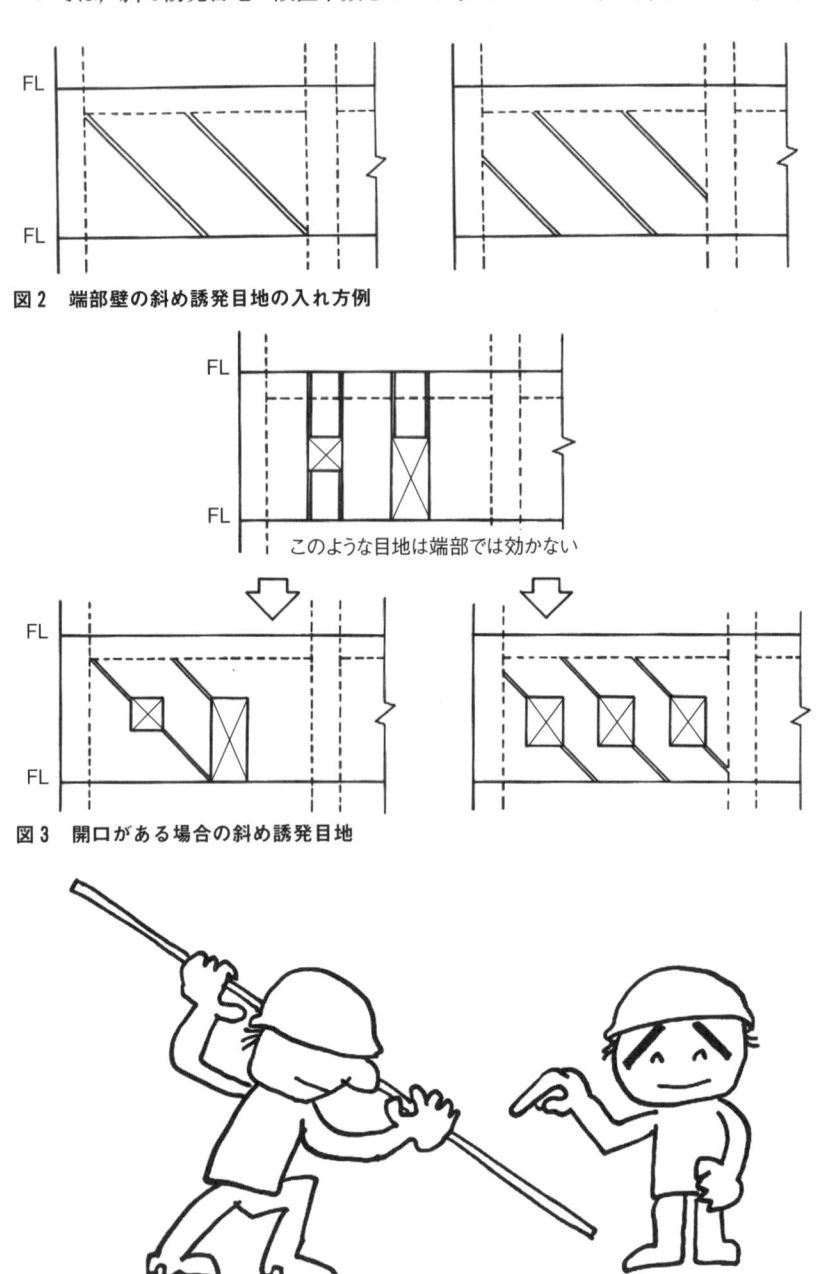

図2　端部壁の斜め誘発目地の入れ方例

このような目地は端部では効かない

図3　開口がある場合の斜め誘発目地

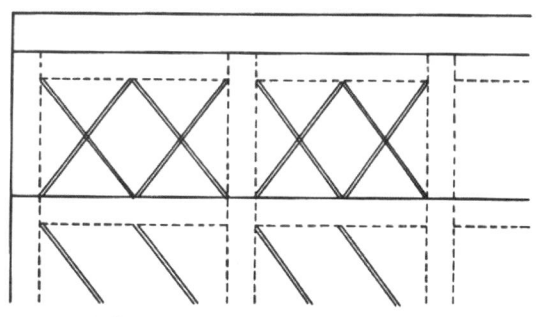

図4 最上階の斜め誘発目地例

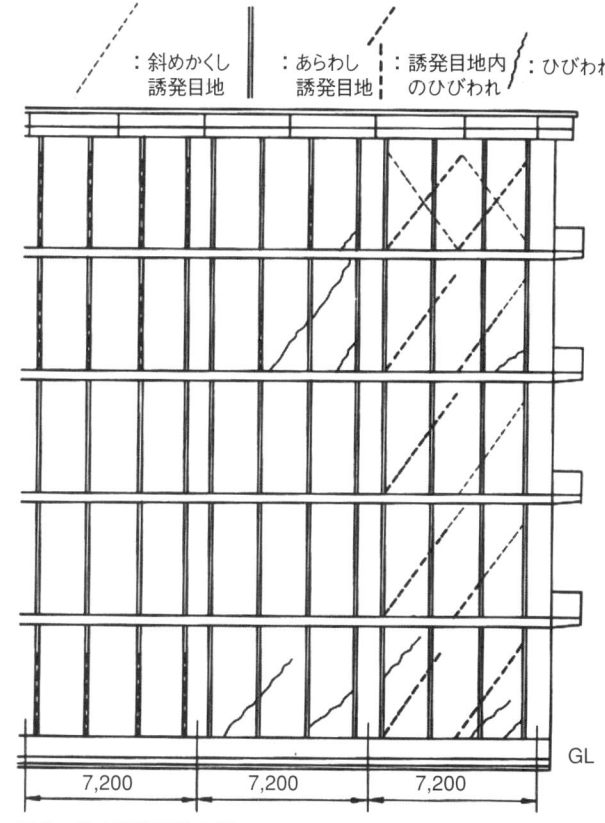

‒ ‒ ‒：斜めかくし誘発目地　∥：あらわし誘発目地　┆：誘発目地内のひびわれ　／：ひびわれ

図5 斜め誘発目地の例

7,200　7,200　7,200

設計段階での対策

Question 25
外壁に誘発目地をとると，外壁の耐震性が低下しますか？

Answer

　通常，耐震壁は1/400程度の変形（中程度の地震による変形）でクラックが発生することが知られています。また，コンクリートの乾燥収縮や温度伸縮によって，なにがしかのひびわれが発生するのは避けられず，実際の耐震壁の剛性が計算値よりは低下します。したがって，設計時には前もってその剛性低下率を20～50%として設計するのが普通です。そのひびわれがランダムに発生したひびわれであろうと，決まった場所に発生させたものであろうと，剛性低下率は変わらないものと考えられています。

　誘発目地による壁の欠損が原因の壁剛性の低下は，この前もって見込んでいる低下率に見込みます。

例えば、垂直の誘発目地（深さ壁厚の15％、幅30mm）を1.5m～3.0m間隔に設けた場合、壁が地震力をせん断耐力で負担しているとすれば、壁の水平断面積に対する目地による欠損率は0.30％～0.15％にしかなりません。

　また、壁が架構内に設けられたブレースのように働くことで、圧縮耐力で負担しているとすれば、目地の欠損率（この例の場合では15％）はそのまま部材の欠損となります。

　現在は、後者の考え方が主流で、目地底からの壁厚を設計壁厚とし、その上で剛性低下率を見込んで設計されているようです。前者の考え方の場合は、後者より剛性低下率を大きく見込む必要があります。

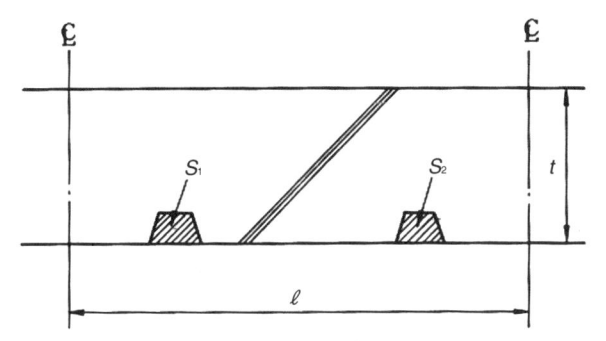

図1　誘発目地による壁の断面欠損（せん断耐力で負担していると考える場合）
　　　誘発目地による断面欠損率は $(S_1+S_2)/(t×\ell)=0.30％～0.15％$ と無視できるほど小さい。

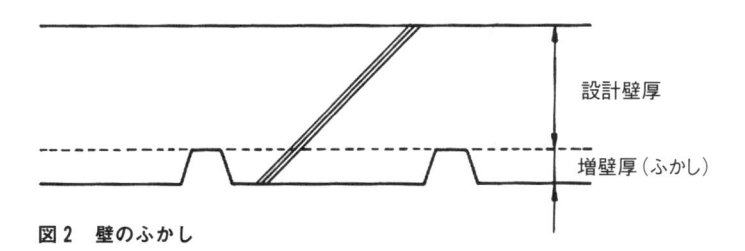

図2　壁のふかし

Question 26
誘発目地に用いるシーリング材は何が適当ですか？

Answer

シーリング材の選定は，被着体の材質，シーリング材の表面に仕上げ材がかかるか，また仕上げ材に内蔵される目地か，外部に露出する目地かによって変わります。**表1**にこれらを整理して好ましいシーリング材を一種類ずつ紹介しておきますが，当然これ以外のシーリング材でもよいものもあり，場合によってはこの事例ではいけない場合（特殊な仕上げ材の場合など）もありますのでご注意ください。

シーリング工事の良否が漏水防止に影響を与えますので，十分配慮してください。

この表には次のような配慮をしました。
①ポリサルファイド系シーリング材に，吹付けタイル等がかかった場合，吹付けタイルは軟化・変色することがあるので避け，変色が生じにくいポリウレタン系としました（ポリウレタン系でも不可の場合がありますので，注意してください）。
②石やタイルに対しては，目地が露出するので，耐候性に優れ目地周辺の汚染の少ないポリサルファイド系としました。
③金属仕上げについては，許容変形量の大きいものを選びました。

表1 各種誘発目地とシーリング材の例

	被着体	シーリングの上に仕上げが無い場合	シーリングの上に仕上げがかかる場合
誘発目地のみの場合	コンクリート	ポリサルファイド系／打放し仕上げ	ポリウレタン系／吹付けタイル仕上げ
誘発目地と仕上目地がある場合	石, タイル	ポリウレタン系／クッション材／タイル・石／ポリサルファイド系（大理石の場合は別途検討）	—
	金属	ポリウレタン系／目地位置は一致しなくてよい／金属／変成シリコーン系	—
	モルタル	ポリウレタン系／クッション材／モルタル／ポリサルファイド系	ポリウレタン系／クッション材／吹付けタイル仕上げ／ポリウレタン系

設計段階での対策

Question 27
コンクリートの内部拘束力増強には，どんな方法がありますか？

Answer

　ここで言う拘束とは，コンクリートが自由に収縮するのを妨げることを指しています。少しややこしいので，外部拘束と，内部拘束について例を上げて説明しましょう。

　まず，梁と柱に囲まれた薄い壁について考えてみます。

　梁と柱は，壁より体積に対して表面積が小さいので，乾燥が遅くなります。したがって収縮も遅くなり，壁が縮もうとするのを外から引っ張る形で妨げます。この引張力で壁が割れるわけですが，縮もうとするのを外から妨げるのを外部拘束と呼びます。一方，柱や梁のコンクリートも壁よりは遅いですが乾燥収縮します。しかし，柱や梁の中には鉄筋や鉄骨が入っておりコンクリートと付着力で一体になっているために，コンクリートが自由に収縮するのを妨げているわけです。柱・梁のコンクリートについては，これを内部拘束というわけです。この力で柱・梁のコンクリートにひびわれが生じます。しかし見方をかえると，柱・梁の鉄筋等は，柱・梁のコンクリートを内部から拘束することにより，壁のコンクリートを外部から拘束していることになります。したがって，壁のコンクリートにとっては外部拘束と言うことになります。

　このように内部拘束あるいは外部拘束というのは絶対的な呼名ではなく，対象物があって初めて言えることなのです。

　本書では，ある部材のコンクリートの自由収縮を内部から妨げているのを，内部拘束，外部から妨げているのを外部拘束と呼んでいます。ここで注意していただきたいのは，拘束によってコンクリートの自由収縮が妨げられているのであって，収縮しないすなわちひびわれが発生しないというわけではないということです。逆に拘束があると，コンクリートは割れるということに注意してください。

　では，内部拘束を強くする方法に移りますが，この方法には内部の鉄筋量の増加があります。

　鉄筋は同じ鉄筋量であれば太いものより細いもののほうが，また丸鋼より異形

鉄筋が，異形鉄筋より溶接金網が，溶接金網より溶接異形鉄筋格子の方が内部拘束が強く，ひびわれを分散させる（細かくして多く発生させる）効果が強くなります。

内部拘束を強くするひびわれ対策は中途半端にすると，漏水する有害なひびわれが多発する可能性がありますから，採用する場合は仕上材料を含めて慎重に検討してからにする必要があります。

図1は誘発目地の位置が最も不適切で，ひびわれが発生した図ですが，このひびわれを補強のみで防止する（無害にする）のは，建物規模にもよりますが**Q12**でお話したようにほとんど不可能と言えそうです。

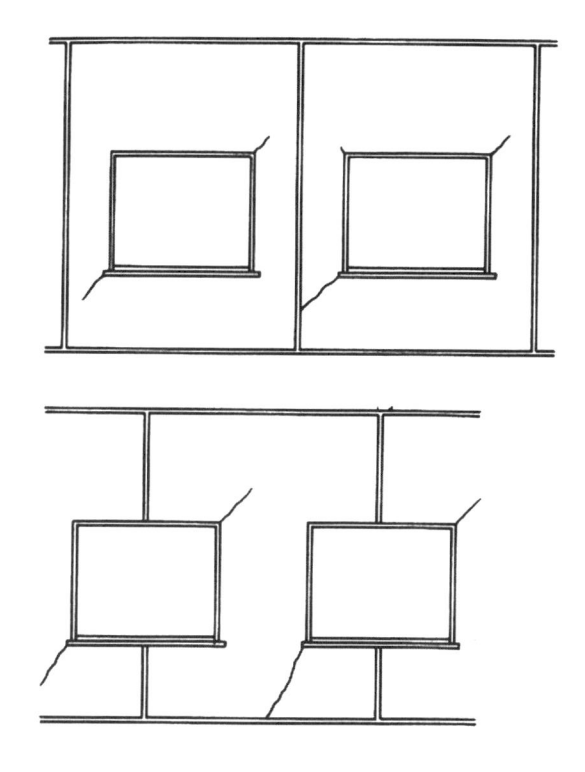

図1　ふさわしくない誘発目地位置

Question 28
有害なひびわれ幅以下にするには，鉄筋比をどのくらいにすればよいですか？

Answer

鉄筋比とひびわれ幅の関係は，色々研究されていますが，部分的なモデルでの解析にとどまり，建物全体としての応力のかかり方とその制御効果までは究明されていない段階です。

表1は，鉄筋比とひびわれ幅の関係を示したものとして，日本建築学会の『ひびわれ対策指針案』（1978年版）にも紹介されているものですが，これによると，鉄筋で収縮ひびわれの分散を行うには，理論的にはかなりの鉄筋量が必要だと言うことが分かります。

分散されるひびわれの間隔は，ある研究によれば図1のようになります。

表1 ひびわれ幅を0.3mm（0.1mm）に制限するための鉄筋比

鉄筋	コンクリート強度（kgf/cm²）		
	180	210	270
D6	0.40（0.60）	0.43（0.72）	0.45（0.74）
D10	0.49（0.87）	0.52（0.92）	0.55（0.97）
D13	0.57（0.99）	0.60（1.05）	0.63（1.10）
D16	0.64（1.10）	0.67（1.17）	0.71（1.22）

実際の建物では，外壁の鉄筋比は0.4％程度ですから，**表1の鉄筋量がいかに多いかがわかると思います。したがって，鉄筋比のみで，ひびわれを無害にまで制御しようとするのは，現実的には無理で他の対策と組み合わせることが大切です。**

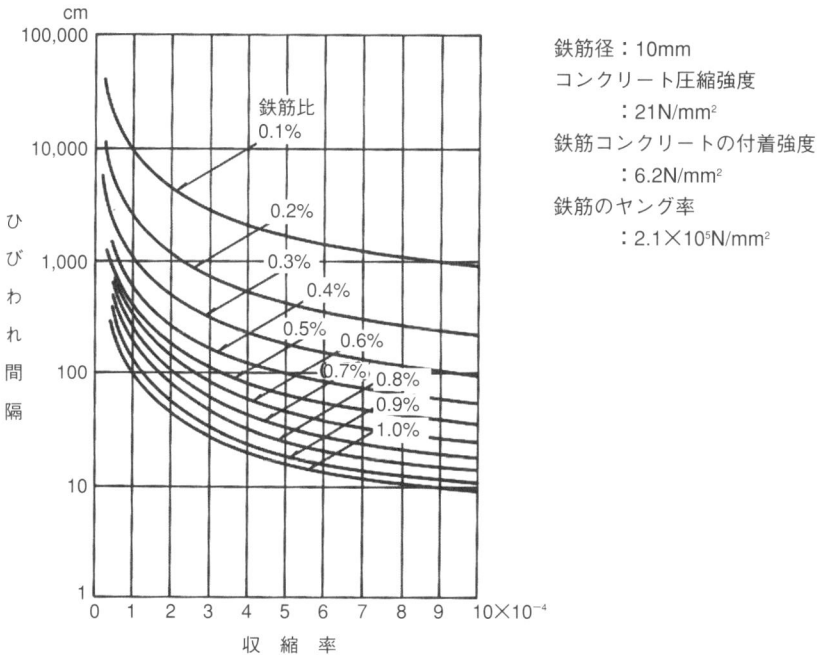

鉄筋径：10mm
コンクリート圧縮強度
　：21N/mm^2
鉄筋コンクリートの付着強度
　：6.2N/mm^2
鉄筋のヤング率
　：2.1×10^{5}N/mm^2

図1　コンクリートの収縮率と鉄筋比とひびわれ間隔の関係

(1) 鉄筋の径とひびわれ幅

　一般に，使用鉄筋比が同一の場合，**表1**からもわかるように細い鉄筋を数多く入れた方が，ひびわれ幅は小さくなります。

(2) 溶接金網の場合

　溶接金網をひびわれ分散の目的で使用する場合には，網目寸法100mm以下のものを，できるだけコンクリート表面近く（もちろん，発錆防止上のかぶりは必要です）にいれると効果的です。

表2　開口補強に使用する溶接金網

種類	径（呼び名）	間隔（mm）
異形	D5 D6	75×75 100×100
鉄線	5φ 5.5φ 6φ	75×75 100×100

設計段階での対策

Question 29
壁を厚くすればひびわれは少なくなりますか？

Answer

ひびわれの総数から言えば，むしろ厚い壁の方が多いようですが，漏水するような太いひびわれは少なくなります。その理由は，次のようなことになると思います。

(1) 厚い壁は乾燥が遅いので，柱・梁等に乾燥速度が近づき，外部拘束が小さくなるため。
(2) 厚い壁の場合は，壁の内外の乾燥差や鉄筋の影響（厚い壁は鉄筋が太くなる傾向があり，また，壁の表面付近の鉄筋比が大きくなる）で先に表面に微細なひびわれが発生しており，全体の乾燥収縮ひびわれが細かく分散する。
(3) 壁が厚いために，少々のひびわれであれば漏水しない。

実際に厚い壁の漏水故障は少なく，薄い壁に多くなっています。特に薄い壁では，**図1**のようなひびわれが出やすくなります。

また，厚い耐震壁などを建物の四隅に設けると，それらの壁に拘束され，他の壁のひびわれが多くなります。ですからこの様な場合には，誘発目地の間隔を狭くするなど，ひびわれ対策を強化する必要があります。耐震的には不利ですが，建物の中央に厚い壁を持ってくるとひびわれ対策上は有利になります。

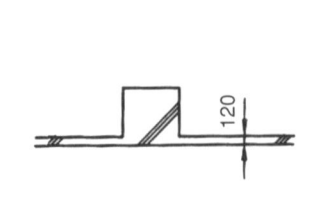

壁厚が薄いと 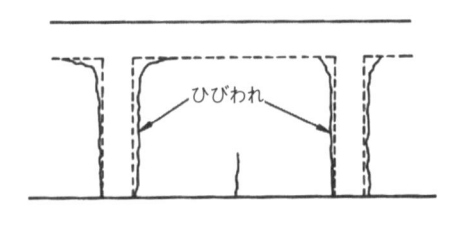　　　　　上図のようなひびわれが入りやすい

図1　薄い壁のひびわれ

ひびわれの話ではありませんが，壁厚180mm以下については配筋の納まり上問題があります。

　厚さ150mmシングル配筋の壁を耐力壁としている設計が多いですが，耐力壁の場合，地震時のせん断には最終的に壁の鉄筋が効いてくるので，鉄筋は梁筋の中にしっかりアンカーしていなければなりません。その部分の詳細図を**図2**に示しますが，これによるとシングル配筋でも，理想的に納めようとした場合の最小壁厚は164mmとなります。150mmや120mmの壁では，配筋の納まりに無理な部分が生じることになります。

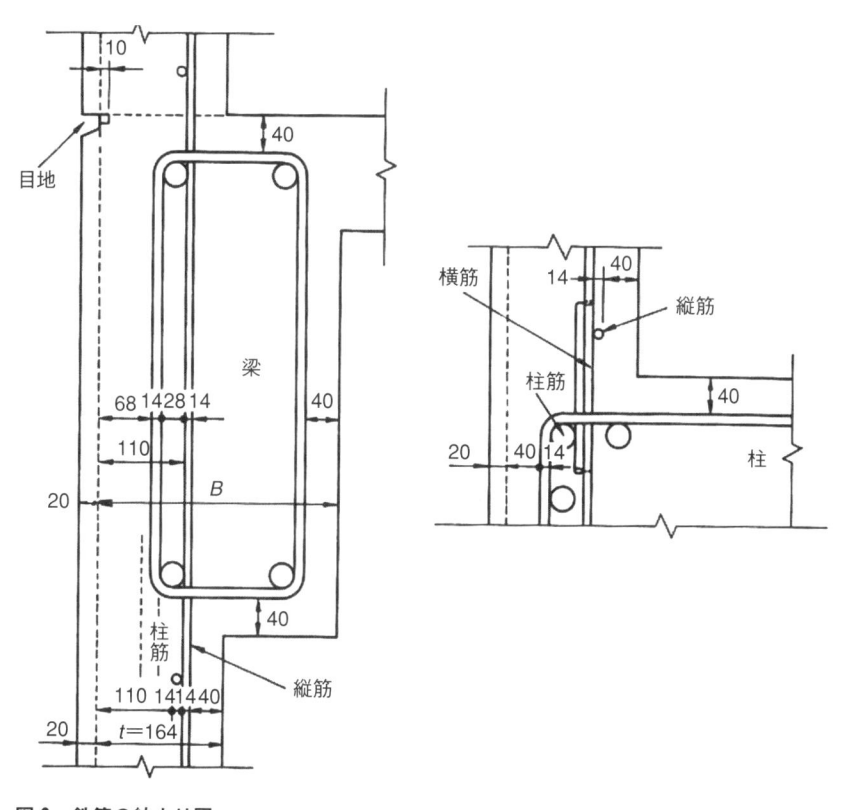

図2　鉄筋の納まり図

Question 30
窓の両側に誘発目地を設けたくないのですが，どうしたらよいですか？

Answer

デザイン上の制約から，窓の両サイドに誘発目地がとれない場合があります。窓の位置や窓の大きさを変更して，誘発目地の位置と窓の両サイドが合うように，設計変更ができればそれが一番理想的ですが，それが不可の場合には，かくし誘発目地とするか大きな効果は期待できませんが鉄筋等による補強しかありません。

かくし誘発目地

図1のように，デザイン上目地が表面に現れるのが好ましく無い場合には，かくし誘発目地とします。なお，**Q32**に述べるように，建物のひびわれ発生にはある傾向が見られますから，それによって開口隅部のかくし誘発目地の必要性の有無を検討するとよいでしょう。例えば①の開口が梁下いっぱいまであり，建物に向かって右の端に近いところにあるとすれば，このかくし誘発目地は不要です。

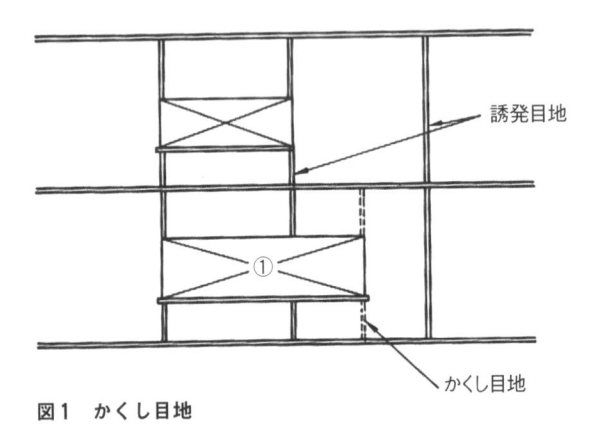

図1 かくし目地

鉄筋補強例（例1）

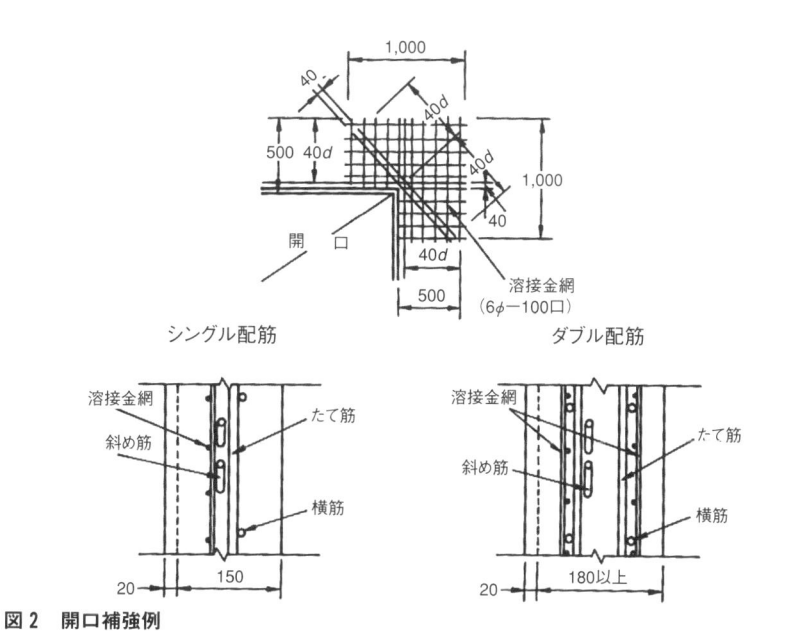

図2　開口補強例

鉄筋補強例（例2）

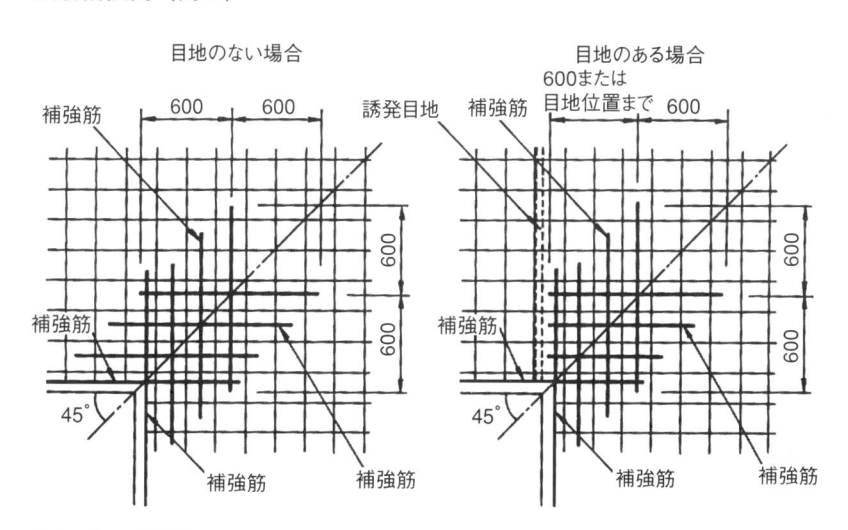

図3　開口補強例

Question 31
かくし誘発目地は，どのように造るのですか？

Answer

(1) かくし誘発目地の使い方

誘発目地がようやく一般化してきましたが，場所によっては誘発目地は設けたいが，デザイン的には目地を入れたくない場所がでてきます。特に斜めひびわれ防止のための斜め誘発目地は，一般のビルではあらわしで設けることには抵抗があります。かくし誘発目地はこのようなとき，つまり誘発目地を意匠的にはかくしながら効果としては誘発目地と同じように発揮させたいときに用います。

(2) かくし誘発目地の造り方

これまで色々な方法が試みられてきましたが，長期間にわたって完全にその跡が分からなくするのは，現在無理のようです。しかし，たとえその痕跡がうかがえたとしても，そんなに外装に影響を与えるほどにはなりません。むしろ，控えめな努力がうかがわれ，ひびわれ問題に苦慮している人からみれば"それなりに美しい"とも思える程度です（**写真参照**）。

斜めかくし誘発目地

斜めひびわれ

化粧に生かした斜め誘発目地

誘発目地をやめてしまって、後で仕上げ材の上から補修したのと比較すれば、かくし誘発目地の方がはるかに見よい外観になります。

あらわし目地

かくし目地

1階の腰壁

かくし目地

窓の両際に誘発目地がとれないとき

FL

FL

かくし目地

斜め誘発目地

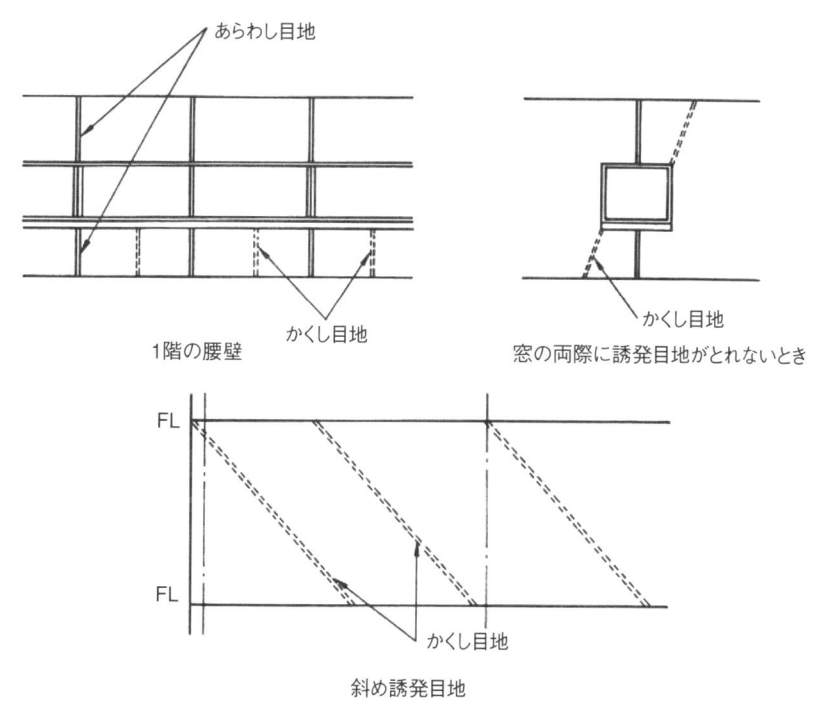

図1　かくし目地を採用することが多い部分

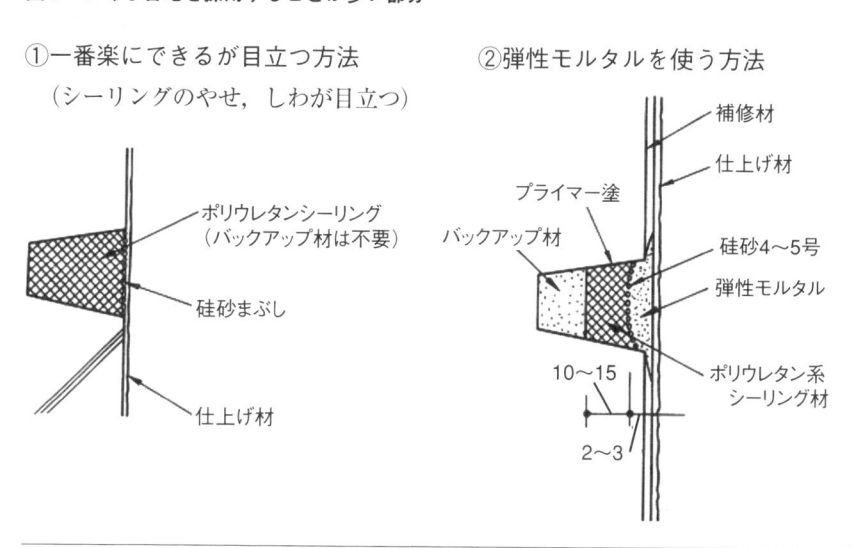

①一番楽にできるが目立つ方法
（シーリングのやせ、しわが目立つ）

ポリウレタンシーリング
（バックアップ材は不要）

硅砂まぶし

仕上げ材

②弾性モルタルを使う方法

補修材

仕上げ材

プライマー塗

バックアップ材

硅砂4〜5号

弾性モルタル

ポリウレタン系シーリング材

10〜15

2〜3

③弾性エポキシ樹脂を使う方法

　（光沢の違いで分かる程度，仕上げ材が多少変色することがある）

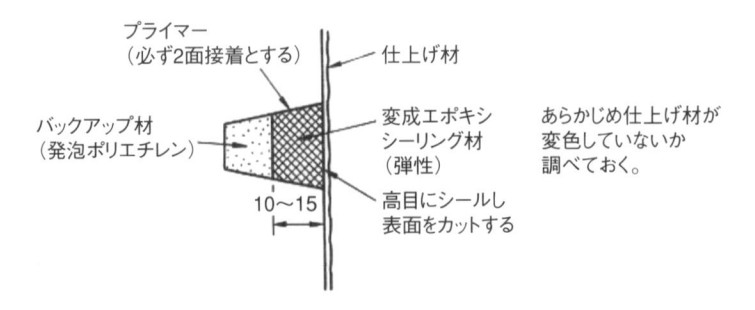

　プライマー
　（必ず2面接着とする）
　仕上げ材
　バックアップ材
　（発泡ポリエチレン）
　変成エポキシ
　シーリング材
　（弾性）
　あらかじめ仕上げ材が変色していないか調べておく。
　10〜15
　高目にシールし表面をカットする

　弾性エポキシ樹脂の必要性能
　　外装仕上げ材との接着性----------良好
　　コンクリートとの接着力---------200N/cm²以上
　　伸び率------------------20〜50％
　　硬化後の表面研磨------------可能
　　施工中のだれ---------------なし
　　プライマーはシーリング材メーカー指定の材料を用いる。

④タイル仕上げの場合

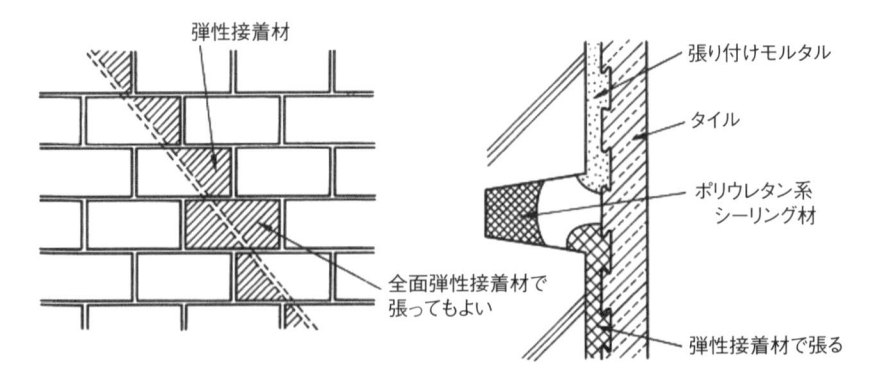

　弾性接着材
　全面弾性接着材で張ってもよい
　張り付けモルタル
　タイル
　ポリウレタン系シーリング材
　弾性接着材で張る

・目地材もできるだけシーリング材とする。
・二丁掛けタイルの場合は必ずシーリング目地にする。

Question 32
建物端部に発生する斜めひびわれには，どんな対策をとればよいですか？

Answer

(1) 発生原理

　コンクリート造の建物の内外壁には，多かれ少なかれ**図1**のような斜めひびわれが発生します。これを逆八形のひびわれと呼んでいます。このようなひびわれは，**Q6**で述べたように，下階のコンクリートの収縮率と上階のコンクリートとの収縮率の相対的な差が影響して発生するものです。すなわち，下階のコンクリートにより上階コンクリートの収縮が拘束されることによって生じる乾燥収縮ひびわれのパターンです（**図2**）。

　もう少し詳細にこの発生原因を見てみますと，次のようになります。**図3**は材齢とコンクリートの乾燥収縮率の関係を示すグラフですが，これに示すようにコンクリートの乾燥収縮は初期の収縮が大きいため，上階のコンクリートが打設されるまでの1～2週間の収縮量の影響で，その分みかけ上，上階のコンクリート収縮率が大きくなったことになります。また，コンクリートは水和熱のために，多少膨張した状態で硬化しますから，冷却で収縮する分，上下階の相対的な収縮率

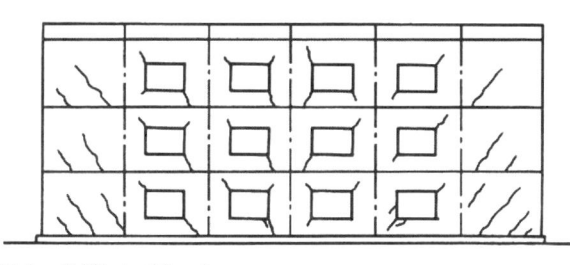

図1　ひびわれパターン

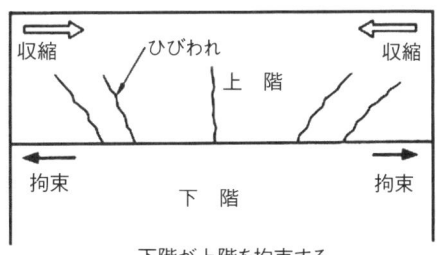

図2　斜めひびわれの原因

設計段階での対策　89

がさらに大きくなります。したがって，**Q6**で述べた①と②の力によって収縮が進むとともに斜めにひびわれが発生します。特に1階部分には，下階が地中にあったり，地下階のように断面が大きく乾燥しにくい環境にあるため，下階の収縮が小さいのでひびわれが多くなります。

なお，最上階には，逆八ひびわれと逆向き，すなわち八の字形のひびわれが発生しますが，これは日射によるスラブコンクリートの膨張によるものです。最上階には，この両方が発生する可能性があります。

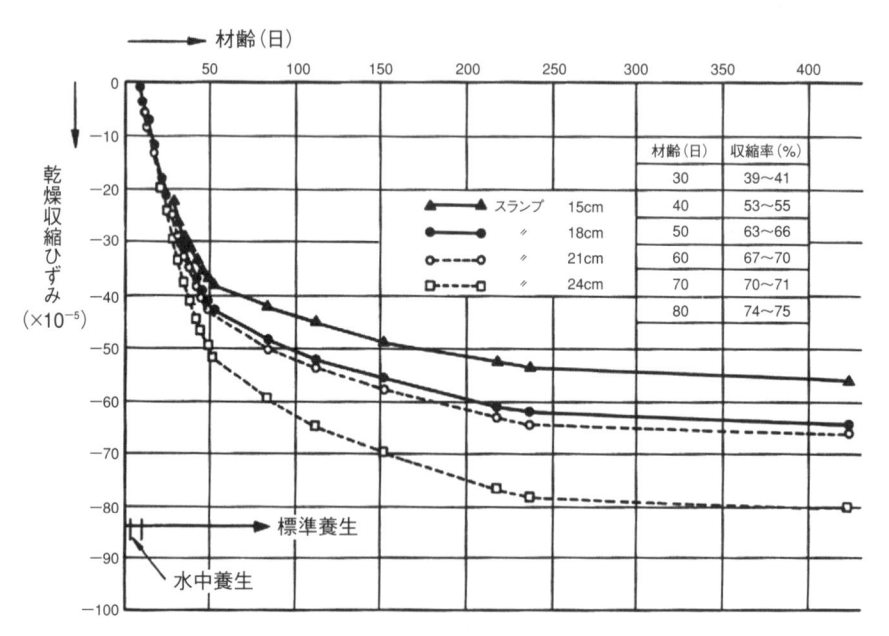

材齢（日）	収縮率（%）
30	39〜41
40	53〜55
50	63〜66
60	67〜70
70	70〜71
80	74〜75

図3　スランプ別コンクリートの乾燥収縮実験結果例

(2) 対策

構造全体としての対策（前述）をとりつつ，さらに次の中からいずれかの対策をとることが現在考えられています。

① 斜め誘発目地
② 増し筋補強
③ 斜め筋補強

対策の効果のグレードとしては，①＞②＞③の順であり，35m以上の建物や特にひびわれの発生のしやすい建物，対策を強化したい建物では，①または②がよいと思います。対策をとる範囲は建物の長さによる一つの目安として，**図4**のよ

うに考えています。ただし，斜めひびわれ対策をする範囲の最少スパン数は，どちらかというと危険側の値です。

　増し筋補強はひびわれを低減するというより，縦筋・横筋の量を増すことによって，ひびわれの分散を図ろうとするものです。増し筋は，縦筋・横筋とも行う場合，鉄筋比を0.5％以上になるようにする必要があるようです。

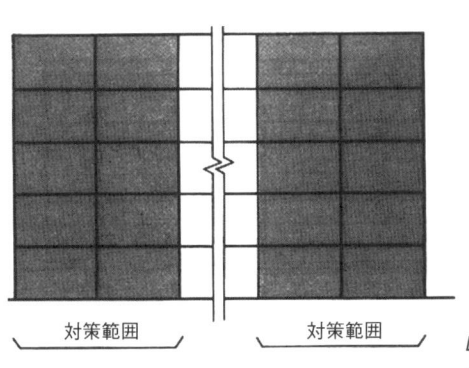

【参考】
　上記以外の斜めひびわれ対策として，**図5**のような方法があります。非常に有効な方法と言えますので，構造計画の中で取り入れる（短柱対策や耐震壁の配置対策）とよいかと思います。

$L \geqq 85$ m　両側3スパン以上
$L \geqq 60$ m　両側2スパン以上
$L < 60$ m　両側1スパン以上

図4　斜めひびわれ対策をする範囲

図5　斜めひびわれ対策の特殊な方法

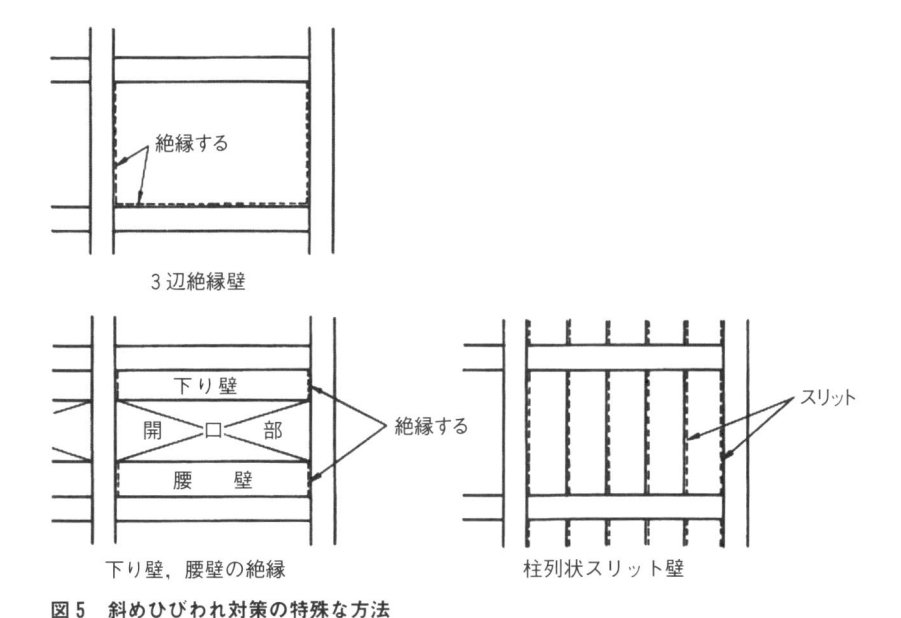

3辺絶縁壁

下り壁，腰壁の絶縁

柱列状スリット壁

設計段階での対策

Question 33
屋根およびスラブのひびわれ防止対策のポイントは何ですか？

Answer

　スラブのひびわれは，一般には仕上げ材にかくされて見えませんが，外壁と同じ様に，あるいはそれ以上のひびわれが実際には発生しています。これまでのスラブのクレームとしてはスラブがたわんだり，振動障害を起こすいわゆる腰抜けスラブや屋上防水層の破断による漏水の問題に限られていましたが，最近では，ひびわれの発生そのものに対しても，クレームが出るようになってきました。

　外壁には，漏水を防止するために幅0.06mm以下というような細かいひびわれに制御したいという目標があり，色々な対策がとられていますが，スラブのひびわれについては，耐久性上問題になる0.3mm以下に押さえればよいとされてきました。しかし，0.3mmのひびわれは，素人には見た目に不安を感じる大きなひびわれにうつりますので，やはりさらに細かいひびわれにする設計上の努力が必要と考えられます。

(1) スラブひびわれ低減対策
①腰抜け防止の対策
a．スラブ厚さ………13cm以上かつ表1を満足する厚さ

表1　床スラブの厚さ

支持条件	スラブ厚さ t (cm)
周辺固定	$t = 0.02 \left(\dfrac{\lambda - 0.7}{\lambda - 0.6} \right) \left(1 + \dfrac{w_p}{1000} + \dfrac{l_x}{1000} \right) l_x$ 以上 かつ $\dfrac{1}{12} \cdot \dfrac{\lambda^4}{1 + \lambda^4} \left(r \cdot \dfrac{t}{100} + w_p \right) \left(\dfrac{l_x}{100} \right)^2 \leq 0.3 \sqrt{F_c} \cdot t^2$
片持	$t = \dfrac{l_x}{10}$ 以上

ただし　t：スラブ厚さ（cm）

$$\lambda = \frac{l_y}{l_x}$$

l_y：長辺有効スパン（cm）
l_x：短辺有効スパン（cm）
〔有効スパンとは，梁その他の支持部材間の内のり寸法〕

w_p：積載荷重と仕上荷重の和（kg/m^2）

r　：鉄筋コンクリートの単位体積重量（kg/m^3）

F_c：コンクリートの設計基準強度（kgf/cm^2）

b．短辺有効スパン長l_x………4.2m以下
c．1枚のスラブの大きさ………25m^{2}以下

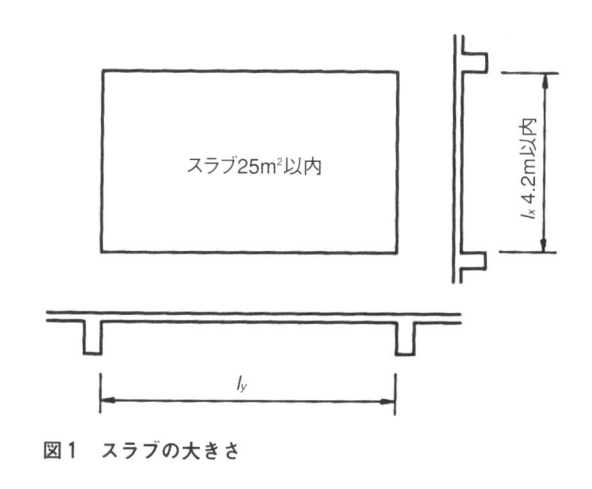

図1　スラブの大きさ

d．バー型スペーサの採用

　スラブ鉄筋の正しい位置確保が腰抜けスラブ防止には，最重要事項です。コンクリート打設という過酷な作業環境の中でその位置を確保させるためには，上下筋共バー型スペーサの使用が最適です。金属製のスペーサでも単独型のものははずれやすく，ましてモルタル製のものははずれる確率が高く不適当です。プラスチック製のものには，比較的はずれにくいものがありますが，JASS 5では，バーサポートにプラスチック製のものが入っていませんので，使う場合は設計者の承諾を得てください。

　バー型スペーサを入れる間隔は理想的には@750ピッチ，最大で900mmにしたいところです。鉄筋位置はバー型スペーサの高さ（h）で決まりますが，最小かぶり厚さが20mmの場合スラブ筋がD13以下の場合には，上筋用のバー型スペーサの

h は，$h = t-(20+主筋径+配力筋径)$ （t は上端のふかしを含まないスラブ厚）下筋用は $h = 30+a$ （a は下端のふかしがある場合のふかし寸法）となります。設計図書で決めている最小かぶり厚さに合わせて上記事項を設計図書に明記することが大切です。

e．庇・バルコニーの出隅・入隅部の補強

庇等の出隅は，一般部の配筋のままですと，ひびわれが発生しやすいので，**図2**のように補強します。入隅も同様です。

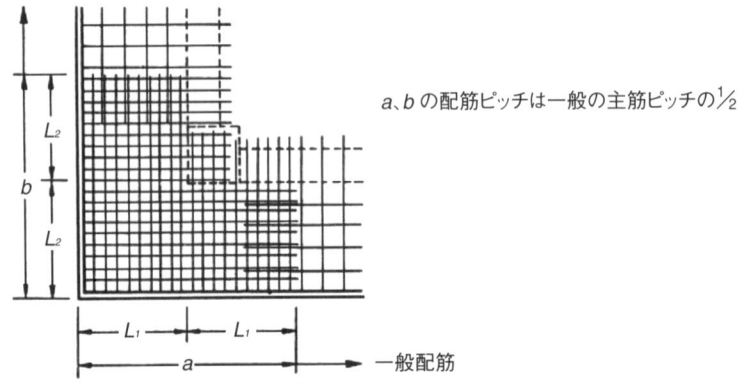

図2　庇・バルコニーの出隅部配筋要領

(2) 乾燥収縮ひびわれ対策

a．ダブル配筋

　昭和40年代は，スラブ筋の配筋方法は，端部はダブル，中央シングルのいわゆるベンド配筋が主流でしたが，まず屋上スラブが防水材への配慮から中央ダブルの配筋になり，昭和60年代になると一般スラブもダブル配筋となってきました。これは，ダブル配筋方式の方がベンド配筋に比べ，鉄筋量は増加するが，配筋の施工性が格段に向上すること，配筋後の乱れが少ないこと，ひびわれの分散につながることなどのメリットがあるために広まってきたものです。単純な平面では，鉄筋格子を用いれば，一層上記のメリットが期待できます。

b．四隅の斜め筋補強

　建物の四隅部や出隅・入隅部には，斜めひびわれが発生しやすいので**図3**のように，上下スラブ筋の中間部に補強筋を入れます。入れる本数は設計者の指示によりますが，一般階はD13が3本，最上階は5本の場合が多いようです。入れる目的からは，梁へのアンカーは不要です。なお，このような斜め補強筋の効果は

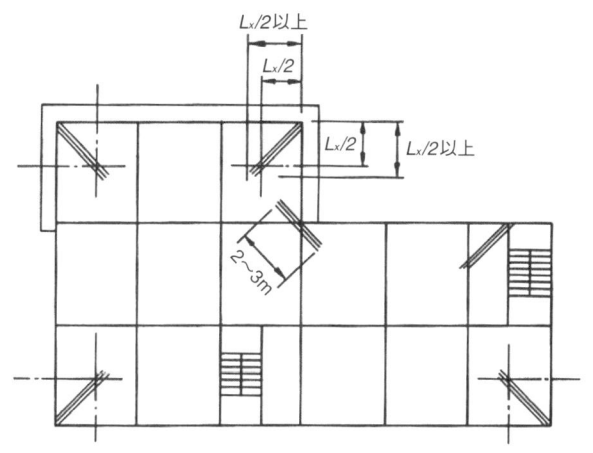

図3 スラブの四隅部補強要領例

小さいようです。斜め筋補強をせずに、この部分の床の配筋量を増加させる方法を採用している設計もあります。

c. 連続バルコニーの誘発目地

連続した持出しスラブは、腰壁にひびわれが多いのと同じ理由で、その直角方向にひびわれが発生しやすい部分です。そのための対策としては、誘発目地を設けるのが適当です。バルコニーの長さを短くするとさらに効果的です。

d. 屋上スラブには、防水材への配慮から配管類は埋め込まないようにする（外断熱露出防水の場合は、この配慮は不要になります）。一般スラブにおいても、埋め込む配管の径をスラブ厚の1/5未満とする。

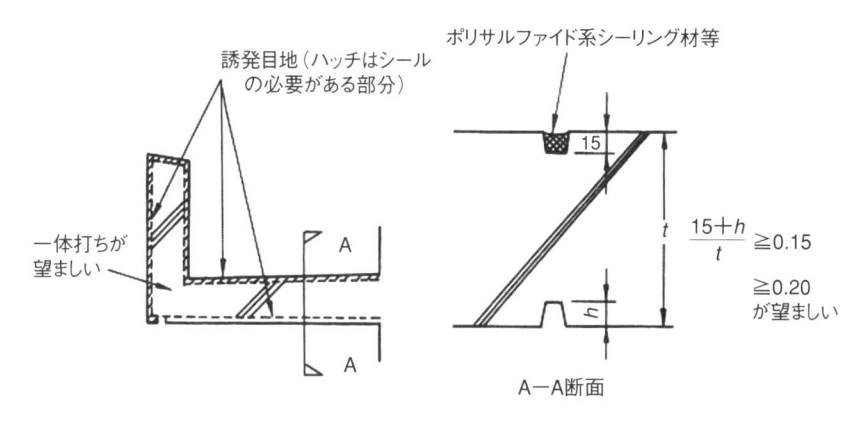

$\dfrac{15+h}{t} \geqq 0.15$

$\geqq 0.20$ が望ましい

図4 バルコニーの誘発目地

(3) 沈みひびわれ対策（**Q54**，**Q56**も参照してください）
a．タンピングを充分行うか，こて押えをしっかり行います。
b．打設後初期ひびわれが発生したら，発生した時期に応じて仕上げ面を再度押えるか，タンピングを行います。
c．打設後の散水養生，特に初期湿潤養生が大切です。

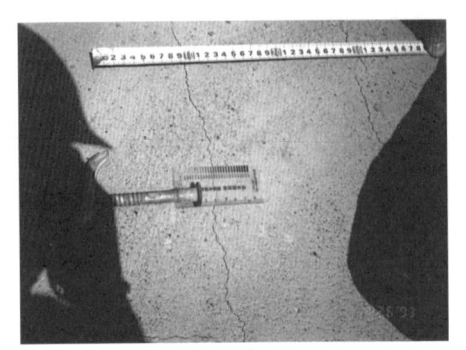

沈みひびわれ

Question 34
バルコニーなど持ち出し部分のひびわれ誘発目地は，どのように入れるのですか？

Answer

構造が持ち出しスラブの場合を主に述べます。

(1) 誘発目地を設ける位置

バルコニーの長さが10m程度以下の場合は，ほとんどひびわれは発生しないようです。ただし，手摺がRC造の場合は，これをスラブと一体打ちすると，手摺壁が梁と同様に，スラブの収縮を拘束しますので，短いバルコニーでもスラブの隅の部分に斜めにひびわれが発生することがあります。このひびわれを誘発目地で防止するには，斜めに誘発目地を設ける必要がありますが，単位水量が175kg程度の水量の少ないコンクリートを打設する方がよいと思います。

バルコニーの誘発目地を設ける位置は，図1に示す以下の部分に設けるのが効果的のようです。

・間隔を3m内外にする
・柱の隅など，形状が変わる部分
・避難口など開口の隅部
・雁行する部分
・欠き込みがある部分

構造上，表面の引張力が最も大きい持ち出しの元端については，上端の鉄筋が下がっていない限り，普通の使用状況であればひびわれが発生することはないと思ってよいでしょう。

(2) 誘発目地の形状

持ち出しスラブの配力筋は，構造上主要な機能を有していませんから，許せるなら目地部で切断するのが，ひび割れ対策上は最も有効です。すなわち，スリット目地のようにすることになります。この場合の心配は，クリープ変形などで，持ち出し部分が撓んだ場合，目違いが生じる可能性があることです。したがって，持ち出し寸法が大きい場合は，避けたほうがよいと思います。

一般には，スラブの上下に誘発目地を設け，合計で欠損率が20％以上になるよ

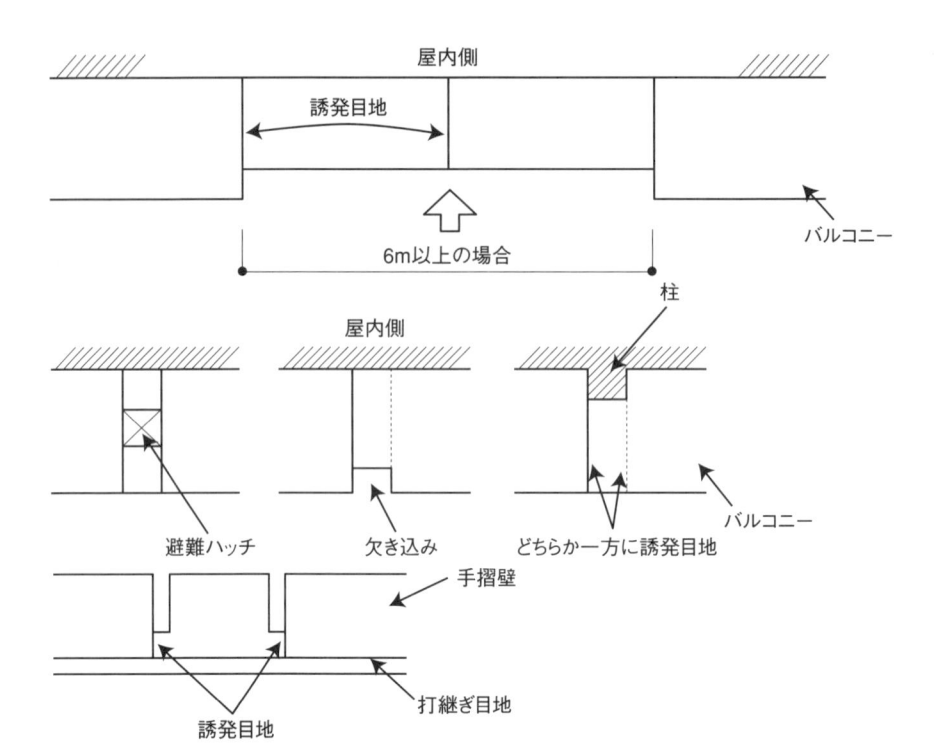

図1 バルコニーの床と手摺壁の誘発目地位置

手摺壁のひびわれ

うにします。このとき，上面の配力筋については切断できればさらによいと思います。

　また，シールはスラブの上面の目地のみに施します。下面の目地をシールしない理由は，機能上シールは不要ですし，上面のシール部分から雨水が浸入した場合，雨水の逃げ道がなくなり，ひびわれを伝わって思わぬ所に漏水をする可能性があるからです。

　平成12年4月にいわゆる住宅新法が施行されましたが，バルコニーの上下間の漏水についてはこの法律の範囲に入らないと思います。万一，法律の解釈上から10年の瑕疵担保責任を建設側が負うことになることを考慮して，バルコニーの下面への漏水を完全に防止することを目指すなら，スリット目地とするか，防水を施すことをお勧めします。

Question 35 防水押さえコンクリートのひびわれ対策は，どのようにすればよいですか？

Answer

　まず，防水押えコンクリートの機能は，防水層の保護であること，押え層に設ける伸縮目地は，熱膨張で押え層が防水層を破断したりパラペットを押し出すのを防止するのが目的で，結果的にひびわれを低減する効果があるが，通常の押え層の仕様ではひびわれは防止できないこと，また，ひびわれが発生しても押え層としての機能は十分果たし得ることを，あらかじめ施主・設計者に了解してもらうことが重要です。

　防水押え層を設計・施工する際には，次のことを注意すればよいでしょう。これらが結果的にひびわれを低減することにもつながります。

(1) 押えコンクリートの厚さは70mm以上とし，溶接金網（3.2φ，100mmメッシュ程度）を入れて補強する。余り太いものを入れると，かえってメッシュの部分にひびわれが出ることがあります。
(2) 伸縮目地は幅20mm程度で3m内外の間隔にし，押え層を完全に切る（**図2**参照）。また，パラペット立上がり防水面の緩衝材部分まで通して設ける。
(3) 防水層と押え層を絶縁させるために絶縁フィルム（フラットヤーンクロス等）を敷く。
(4) 伸縮目地はできるだけ通して設け，入隅を作らないようにする（**図1**参照）。
(5) 普通コンクリートとし，強度18N/mm²以上とし，スランプは18cm以下にする。
(6) 仕上げはタンピングをよくして，直仕上げにし，金ごて押えは2回程度にする（押えすぎは表面が凍害を受けやすくよくありません）。

　ひびわれがなく，断熱性があり，施工と防水のメンテナンスが楽であることから，コンクリート押えでなくブロック押えにする例もあります。

入隅が多く割れやすい

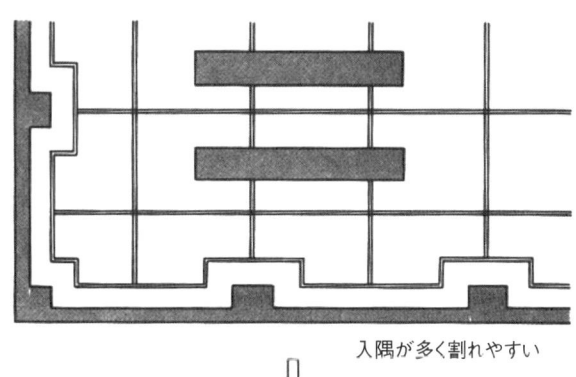

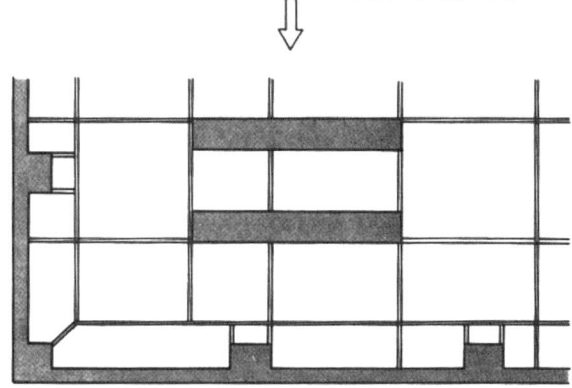

図1　伸縮目地割り

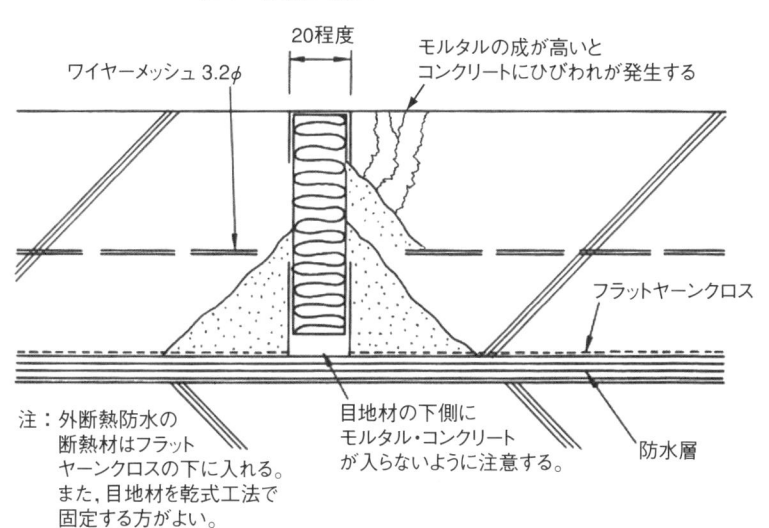

図2　伸縮目地

- ワイヤーメッシュ 3.2φ
- 20程度
- モルタルの成が高いとコンクリートにひびわれが発生する
- フラットヤーンクロス
- 防水層
- 目地材の下側にモルタル・コンクリートが入らないように注意する。

注：外断熱防水の断熱材はフラットヤーンクロスの下に入れる。また、目地材を乾式工法で固定する方がよい。

設計段階での対策

Question 36
断熱防水はひびわれ対策に有効ですか？

Answer

外断熱工法が最近普及してきた背景として、次の3点がJASS 24『断熱工事』の解説に述べられています。
　①建物の結露を防ぐため
　②省エネルギーのため
　③居住性を向上させるため
上記以外に、JASS 24では述べられていませんが、
　④躯体への熱応力を押え、建物に損傷を与えないための効果が大きいことも次第に評価されてきています。

ひびわれ例

温度応力によるひびわれ例

　マンションの最上階のコンクリート戸界壁に張ったビニールクロスが壁のひびわれが原因で切れたり、しわがよることがあります。挙動の小さいひびわれであれば、ビニールクロスは切れたりしませんが、屋根の防水が内断熱の露出防水だと、屋根スラブの熱による挙動が大きいため、壁に発生したひびわれも大きく動きます。すなわち日照により、屋根スラブが膨張するときに、ひびわれ幅は広がり、屋根スラブが冷える夜にひびわれ幅が縮小するわけです（**Q10の図2**参照）。

調査の結果，1日のひびわれ幅の変動は0.2mmにも達することが分かりました。

ひびわれ状況を**図1**，**図2**に示します（図は複数の壁のひびわれをまとめてある）。

この様にひびわれが動いている状態では，ビニールクロスを張り替えても直ぐにまた破断してしまいます。

したがって，これを補修するためには，まず防水を外断熱に変えることから始めなくてはなりません。

外断熱防水により屋上のスラブを保護して，そのひびわれを防止するのではなく，保護しているのは戸界壁なのです。

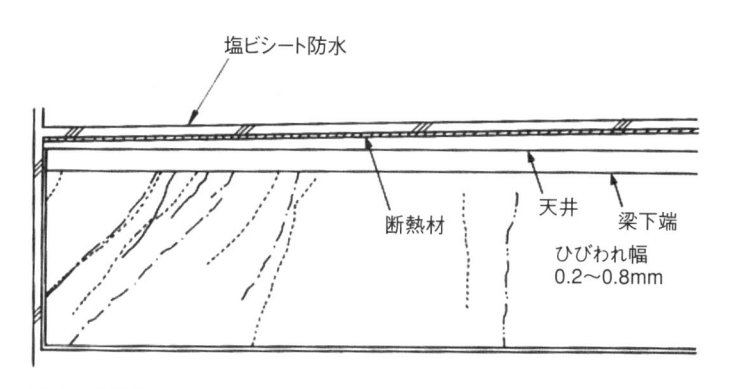

図1 壁構造

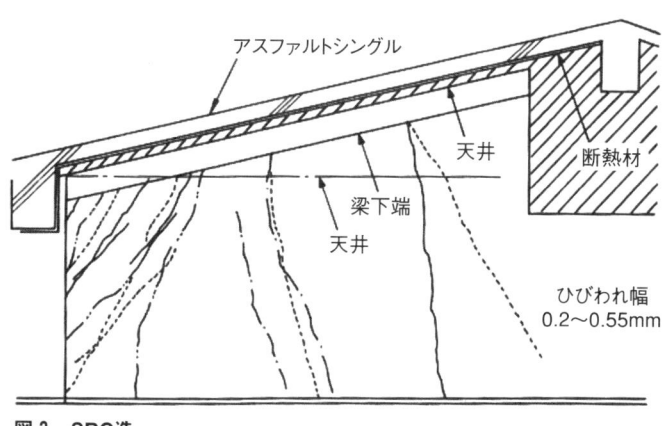

図2 SRC造

Question 37
その他設計段階でのひびわれ対策は，どのようなものがありますか？

Answer

ここでは，直接ひびわれの低減ではないですが，最終目標である外壁からの漏水を防止するのに有効な対策を取り上げます。

(1) 仕上げ材

打放し仕上げの建物より，モルタル塗りタイル張りの仕上げ材の方が漏水しにくいことは事実で，さらにゴム弾性系吹付けタイル仕上げ材とすれば，外壁の止水性を大幅に向上させることができます。ただし，あくまで補助的な役目であり，仕上げ材のみに頼るべきではないと思います。

仕上げがあるということは，仕上げ材自身による止水効果も大きいのですが，仕上げ材によって乾燥が遅れるため壁の乾燥収縮速度がラーメン体のそれに近づくことで，ひびわれ発生量を少なくする効果もあると思われます。

(2) 庇の有無（雨仕舞）

庇の効果は，日照をさえぎり，温度応力ひびわれを少なくすることと，雨が直接かからないことによる漏水危険が少なくなることの2点と言われています。

庇があることによる漏水保護効果は，外壁全面からみれば，局部的にしかおよばないように考えられます。しかし，風雨の同時性に関する資料によれば，例えば8m/sec以上の強風を伴う降雨の出現確率は，東京では時間雨量3mm以上については年に20時間，11mm以上については3時間程度しかなく，ほとんどの降雨はまっすぐ下方に雨が降る確率が大きいことを示しています。このことから軒や庇の効果は意外に大きいことが分かります。また，このことは壁面に何らかの突出部を設けることが，雨がかりを防ぐ上できわめて有効であることを示します。近年立面が平面的になってきていますが，漏水防止上は不利に働いているということをよく理解した上で，別途対策でその弱みを補完してやる必要があります。

特に斜線制限で，パラペットの外部側を斜めにする場合には，雨の度に外壁がぬれないよう，水切りを設けるなど，何らかの方策が必要と思います。

(3) 配管の打込み禁止

　最近は，外壁や屋上スラブへの打込み配管をするケースは少なくなってきましたが，逆に一般スラブや間仕切壁には，相当量の埋込み配管をするケースが増えており，それがまたひびわれ問題につながりつつあります。配管の躯体への打込みについては，できるだけ少なくする努力が必要です。

打込み配管を行う場合の注意
　　a．配管の壁への埋め込み長さを最短にする。
　　b．配管類は，鉄筋の内側でできるだけ壁の内部に入れる。
　　c．壁内に埋め込む配管の太さは，壁厚の1/5未満とする。
　　d．配管類のあきおよびかぶり厚さは，30mm以上にする。
　　e．配管類の外壁埋め込みの補強は，溶接金網などで行う。

Question 38
外壁仕上げ材がゴム弾性系の吹付けタイルの場合，ひびわれ対策は不要ですか？

Answer

　次の条件が満たされるなら，ゴム弾性系の吹付けタイル仕上げだけで十分と言えます。
　①ゴム弾性系の吹付けタイル仕上げが，建築用塗膜防水材（JIS A 6021）である。
　②吹付けタイルの防水性保証期間内に塗り替え等のメンテナンスが行える。
　③下地コンクリートのひびわれの挙動が，吹付けタイルの許容伸縮率以内である。
　④吹付け材の膜厚の必要量が確保されている。
　しかし，一般には，上記条件を満たすことが以下の理由で難しいと思います。

（1）防水保証期間は短い

　ゴム弾性系吹付けタイルは一般に，吹付業者の責任施工で行われます。そして，その吹付工事の保証書が業者から提出されます。保証期間は，建物の諸々の条件によって異なりますが，3年～7年位が多いと思います。このような短期間しか保証されない材料をどう評価するか。メンテナンスサイクルをどう設定するかまで考えれば，この仕上げ材のみに頼った考えは危険すぎることが分かります。

（2）許容伸縮率以内にひびわれの挙動を押えるのが難しい

　防水層である下吹き材の厚さは約1mmです。下地コンクリートにひびわれが発生すると，乾燥収縮の進行と温度等による挙動で，防水層には繰り返し引張力が働くわけですが，ひびわれ幅が大きいほど早く防水層が破断します。**表1**は，試験結果です。この結果からもひびわれ幅をかなり押えておかないと，つまりひびわれ幅低減対策がとられていない建物では，弾性系吹付けタイルも破断することが分かります。なお，ひびわれ幅は調査当日の値に対し，およそ0.8倍～2.1倍の間で変動していました。

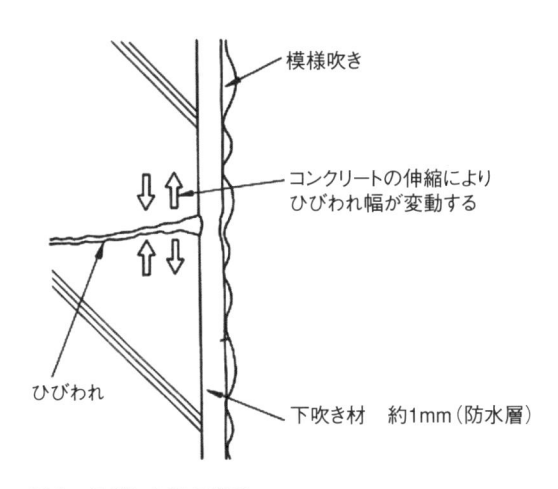

図1 ひびわれ部の挙動

(図中ラベル：模様吹き／コンクリートの伸縮によりひびわれ幅が変動する／ひびわれ／下吹き材 約1mm（防水層））

表1 弾性吹付け（塗装）材の耐候性・耐ひびわれ性試験

弾性吹付け材塗布　昭和59年3月・調査時期　昭和62年7月
ひびわれ部分の膜厚　○：健全　⊗：筋がみえる　◐：トップコート破断　●：破断

商品名 ひびわれ幅	A	B	C	D	E	F
0.30	◐	○	●	●		
0.25	◐◐	○		●	●●●	
0.20	◐◐◐◐◐	○○○○		●●	●○○	●
0.15	◐◐◐◐◐	○○○○○	●●●	●●●● ●●●⊗⊗	●○○	
0.10	◐◐◐◐	○	●●●	●●●●●	○	●◐◐◐
0.08	◐◐◐◐◐◐ ○○	○○	●	●○	●○○	●○◐
0.06	◐○	○○		⊗		
0.04			●		○	
0.04未満		○				
材種	アクリルゴム系 （複層）	同左 （単層）	同左 （単層）	シリコーン系 （単層）	ウレタン系 （複層）	クロロプレン系 （複層）
塗布量	2.0kg/㎡	2.5kg/㎡	1.35kg/㎡	1.0kg/㎡	2.55kg/㎡	2.65kg/㎡

設計段階での対策

(3) 下吹き材の厚さ管理が難しい

ゴム弾性系吹付けタイルの性能は下吹き材の厚さと比例しますので（図2）、厚さ管理は、施工上の重点項目です。

厚さ管理の方法（例）
1. メーカー仕様書により、下吹き材の標準塗布量（kg/m²）を調べる。
2. 吹付面積とロス分（3%程度）から、必要使用量を求める。
3. 施工時に入場した下吹き材料と、施工後の余りの下吹き材料の差から、実使用量を出して、必要使用量と比べる。

厚さ管理の別法として、下吹き材（防水材）吹付け直後に、ウェットフィルムゲージを用いて、硬化前の厚さを直接測る方法もあります。

厚さ管理以外に吹付けタイル工事では、下地の含水率管理や表面強度管理も欠かせません。

以上から、ゴム弾性系吹付けタイルを外壁に用いる場合の限界が理解できたと思います。確かに外壁からの漏水確率は少なくなりますが、その完全性の保証が難しいということです。したがって、やはり事前のひびわれ対策が不可欠であり、事前対策を補完する意味での採用という面では、かなり有効な材料といえると思います。

＊ JASS 8（防水工事）では、外壁用アクリル防水材の塗布量は、1.7kg/m²以上と定められている。
　1.7kg/m²は固形分75%で膜厚1mmを確保できる塗布量。
　固形分が75%ではない場合は、換算して塗布量を決める。

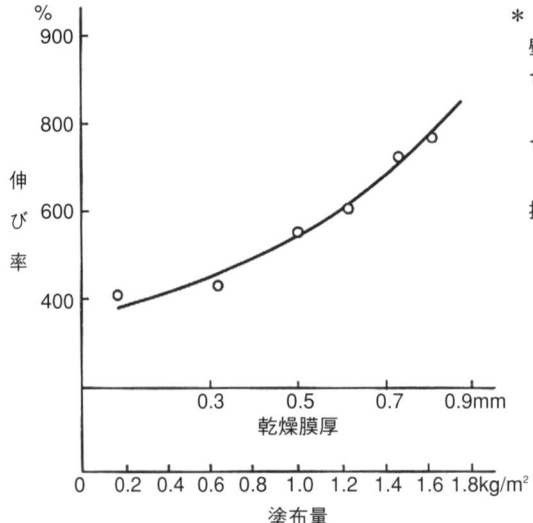

図2　塗布量とひびわれ追従性の関係（20℃）

Question 39
壁の誘発目地の効果が期待どおり得られなかったのですが、なぜですか？

Answer

　本書を一通り読んだ方がその建物を見れば、恐らくほぼ原因が分かると思います。

　現物を見ないで原因を推定することは不可能なことですが、考えられる原因を幾つか挙げてみましょう。

　本書も読み返してください。

(1) 誘発目地の深さが不足している

　誘発目地の深さが深いほど、ひびわれをコントロールする効果が高いと考えられます。すなわち、深いほど、目地部分のコンクリートへの応力集中が大きいのでコンクリート強度が低い段階で割れるため、ひびわれ付近で鉄筋の付着が比較的切れやすいと推定されます。したがってひびわれが大きくなり、他の部分に発生する確率が低くくなると考えられます。

　日本建築学会の「鉄筋コンクリート造のひび割れ対策指針・同解説」の誘発目地のひび割れ低減効果の予測手法では、断面欠損率15%で、ひび割れ集中率15%、断面欠損率20%で、ひび割れ集中率61%程度と、欠損率によりひび割れ集中率が大幅に変わりますが、実感からこれほど大きな差は無いように思います。

　しかし、15%の欠損率は最低値であり、これで制御するには、ひびわれが入りやすい場所を選んで設けなければなりません。

　どんな場合でも効果を発揮するためには、欠損率を30%から40%程度までかなり大きくする必要があると思います。

　欠損率を大きくできない場合は、欠損を外側と内側に分けないで、外側のみの欠損とする方が効果があるとの印象をもっています。

　外壁のひびわれは漏水や美観上の問題が伴いますから、実際面では、ひびわれ対策の評価は、ひびわれを何パーセント低減できたかということより、ひびわれを補修しないですんだか、補修したか、また、数年経過後にひびわれが生じた

か，生じなかったか，全面補修の必要が生じたか，部分補修で処理できたか，などで評価されます。

(2) 誘発目地の間隔が広すぎる

誘発目地の間隔は，目地がない場合のひびわれ間隔に合わせて設けるのが，最も効果的と思われます。経験的には，3m間隔が上限で，4mを超えると，通常の欠損率（15〜20％）では入れた効果を実感できない感じです。

(3) 誘発目地の位置が悪い

誘発目地は，コンクリートが割れやすい位置に設ける必要があります。

例えば，建物のひびわれは，逆ハの形，上向きに扇を開いたときの骨の方向に発生しますから，建物の端にある開口の隅部の斜めひびわれは，扇の骨の方向のみに発生し，反対方向については，通常の場合発生しないことが多いようです。ですから，何かの制約で誘発目地を開口の片側にしか設けられない場合は，割れやすい側に入れる必要があります。この場合，一般に開口の上部はすぐに梁となりますから，腰壁の対策を優先して考えるのがよいと思います。

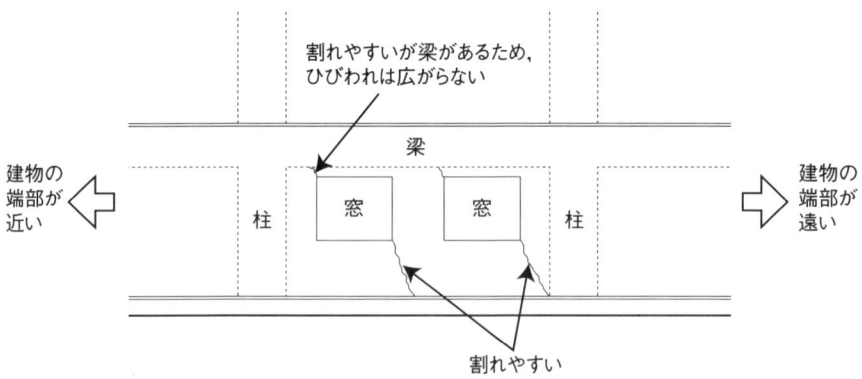

図1 開口の位置とひびわれ傾向

また，柱と壁との取合いのように，断面が変わる部分にはひびわれが発生しやすいですが，経験的には，断面が変わる位置より少し離れて割れることが多く，欠損率が15〜20％と小さい目地の場合は，柱から壁の厚さ分だけ離れた位置に設ける方がよいようです。

(4) 鉄筋量が多すぎる

鉄筋量が多いほど，ひびわれは分散して多く発生します。したがって，鉄筋量が多い場合は誘発目地の効果は少なくなり，目地間隔を狭くする必要が生じます。または，目地欠損率を大きくする必要が生じます。

実際面では，鉄筋量が0.5％を超える壁には，欠損だけの誘発目地の採用は不適当だと思います。

(5) 壁が厚い

厚い壁は，**Q18**で述べているように，一般に表面付近の鉄筋比が極めて大きいことと，表面の乾燥に比べて内部の乾燥が遅くなるために，表面に微細なひびわれが多発します。すなわち，無数の誘発目地を無秩序に設けたのと同じことで，通常の誘発目地の効果は期待できません。

(6) コンクリートの単位水量が極端に多い

単位水量の多いコンクリートは，乾燥収縮率が大きくなりますから，単位水量の少ないコンクリートに比較し，誘発目地の間隔を細かくしないと効果が少なくなる傾向があると思います。ただし，単位水量が185kg/㎥のコンクリートと，175kg/㎥のものでは，誘発目地がひびわれを少なくする効果については大差が無いように思います。

(7) 川砂利など表面が平滑な骨材を使用している

最近は砕石を用いたコンクリートが全国的に用いられていますが，表面が平滑な川砂利を用いたコンクリートの場合に，骨材の表面でセメントペーストが剥離して，ひびわれた例（というより，ひびわれを調べると骨材の表面に沿って割れていた例）があります。

恐らく，骨材とセメントペーストの付着が悪く誘発目地で割れる以前に，剥離したものと考えられます。

(8) 人工軽量コンクリートを使っている

Q46で述べるように，軽量コンクリートは，表面に比べて内部の乾燥が遅いので，表面に微細なひびわれが発生し，誘発目地の効果は少なくなります。

(9) 誘発目地が利きにくい建物である

上述のような建物は誘発目地が利きにくい建物でもあるわけですが，その他に開口の少ない長大な建物の場合は，斜めひびわれが頑固に発生しますから，通常の誘発目地によるひびわれ対策は効果がありません。

コンクリート調合でのひびわれ対策

Q40 ひびわれ低減のためにコンクリートについては,
どんな点に注意すればよいですか?

Q41 ひびわれを防止するためには, 単位水量をどこまで減らせば
よいですか。また, 単位水量を減少させるには, どんな方法が
ありますか?

Q42 ひびわれ対策に有効な混和材料には, どんなものがありますか?

Q43 コンクリートの膨張材の効果は期待できないのですか?

Q44 コンクリートの水和熱によるひびわれ防止には,
どんな対策がありますか?

Q45 アルカリ骨材反応を防止するには,
どんな対策をとればよいですか?

Q46 軽量コンクリートはひびわれが少ないと聞きましたが,
本当ですか?

Q47 コンクリートの配合で,
ひびわれをなくすことはできないのですか?

Q48 コンクリート中の塩化物とひびわれは関係ありますか?

Question 40
ひびわれ低減のためにコンクリートについては，どんな点に注意すればよいですか？

Answer

　ひびわれ低減のためには，収縮率が少ないコンクリートを得ることが必要です。

　図1は，よいコンクリートとは何かについて，整理したものです。このような現場の要求に最も適したコンクリートを得るのは，通常の調合では相反する項目もあり容易なことではありません。

　現在コンクリートは，ほとんど生コン工場で生産されています。一般の建造物は，標準品で十分ですが，特殊なよい品質のコンクリートを要求される建物の場合には，特注品としなければならないこともあります。

　いずれにしてもコンクリートについて現場の相談にのってもらうには，同じJIS工場でもよい工場にこしたことはないわけですから，生コン工場の選定に当たっては，例えば**表1**のようなチェックをするとよいと思います。

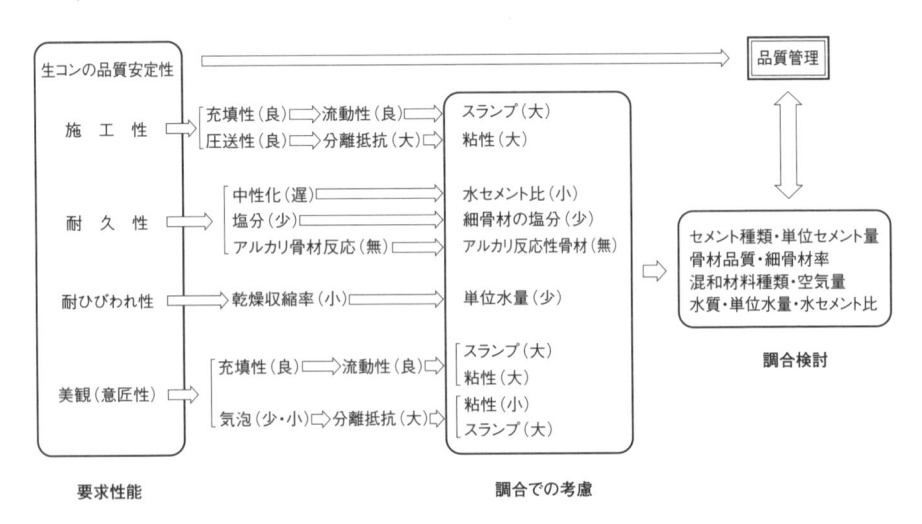

図1　コンクリートに要求される品質・性能

表1 生コン工場のチェック項目例

質問事項	A	B	C
・コンクリート技術者が常駐していますか	3人以上いる	1人いる	いない
・配合の強度決定に用いているものの根拠を見せてください	ヒストグラムで分かりやすく説明できる	一応説明できる	
・骨材入荷時に何を検査していますか	量目・表面水量・粒度の規格照合と標準見本と照合	量目・表面水量と標準見本と照合	量目のみ
・待機中の生コン車のドラム中の残水状況を見せて下さい	残水なし	残水がバケツ1杯以下	バケツ1杯以上の残水
・セメントサイロの下部のスクリューコンベアーの点検口を開けて見せて下さい	セメントが全然固着していない	少し固着	ふさがるほど点検口に固着
・工場から現場まで，どの程度のスランプロスがあるか推定するデータを見せて下さい	明確なデータあり	データなし	
・1日に何回砂の表面水を測定しますか。サンプリングはどこでしますか。現在の表面水量はいくらですか。	1日4回以上	雨天のみ4回以上	2回以上
・現場までの時間は	15分以内	40分以内	60分以内
・細骨材の粗粒率の社内規格はどうなっていますか（粗粒率が0.2変化すると単位水量が12kg程度変化する）	実績±0.1以内	±0.2以内	±0.3以内
・21-18-20の単位水量は	175kg/m³以下	175〜185kg/m³	185kg/m³以上
・塩分試験のデータを見せて下さい	管理図がある	結果のみある	データなし
・誤納防止はどうやっていますか	間違いが起こり得ない	間違いがあり得る	心配である
・回収水を使っていますか	使っていない	上澄水のみ	管理していない

よい工場は，このような調査に積極的に対応してくれると思います。

Question 41
ひびわれを防止するためには,単位水量をどこまで減らせばよいですか。また,単位水量を減少させるには,どんな方法がありますか?

Answer

単位水量が減少すればするほど乾燥収縮率が小さくなりますから,ひびわれは減少傾向になります。しかし,逆にコンクリートのクリープ等の変形能力も小さくなりますから,収縮率が小さくなる割にはひびわれの数量は減少しないようです。建物の規模や構造の種類にかかわらず全ての建物を対象にして考えるなら,有害なひびわれを単位水量の減少のみで防止しようとすれば,おそらく単位水量140kg/㎥以下のスランプ0㎝に近いコンクリートを打設する必要があると思いますが,実際の建物ではこのようなコンクリートの施工は不可能なので,確実なところは分かりません。

これらの実状から,単位水量を減らすだけでひびわれ防止をするのは無理であって,少しでもひびわれを減少させるために,できるだけ単位水量を少なくするというのが妥当な考え方と思います。

ひびわれ防止対策は一つの方策で行うのではなく,いくつかの方策を組み合わせて初めて完成されるものなのです。

単位水量を少なくすることは,乾燥収縮率が減少するばかりでなく,ブリーディングの減少にもつながり,鉄筋のボンドの確保や沈みひびわれ防止などの効果があり,結果的に鉄筋コンクリートの耐久性を向上させることになります。

JASS 5では,以上のような理由と,全国で製造されている生コンの実状から,コンクリートスランプを18㎝とし,単位水量185kg/㎥以下と定めています。また,「鉄筋コンクリート造のひびわれ対策(設計・施工)指針・同解説 1990年」では,単位水量を170kg/㎥以下とするよう規定しています。

単位水量を少なくするには,以下の方法があります。これらは,生コン工場に注文すればすぐに改善してもらえるという事項ばかりではありませんが,基礎的な知識として大切なことです。

(1) スランプを下げる

スランプ18㎝前後では,スランプを1㎝下げると単位水量は4 kg/㎥減少しま

す。流動化剤，高性能AE減水剤を使用すると，少ない水量で高いスランプを得れますから，これらの採用も含めて検討して下さい。

(2) 砂・砂利は可能な限り大き目のものを使用する

実績率が同じでも砂・砂利が細かいほど，骨材の表面積が多くなるので，セメントペースト（セメント＋水）が多く必要になります。

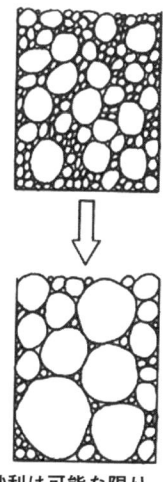

砂・砂利は可能な限り
大き目のものを用いる。

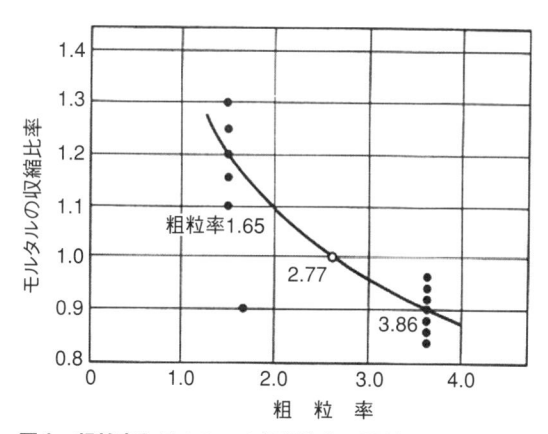

図1　粗粒率とモルタルの収縮比率の関係
　　（粗粒率：**2.77を基準とした場合**）
　　大野和男：「モルタルおよびコンクリートの
　　　　　　　収縮について」建築雑誌1956.9

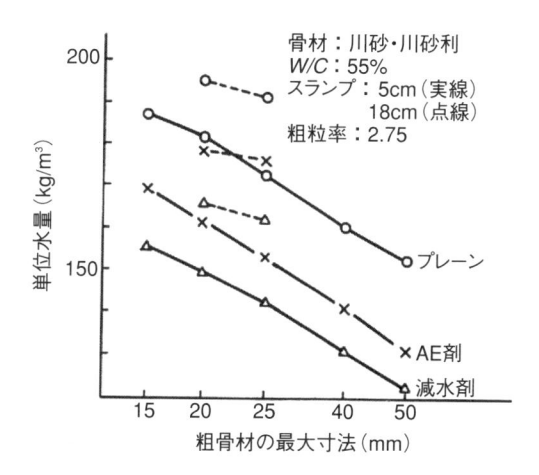

図2　粗骨材の最大寸法と単位水量との関係
　　日本建築学会「鉄筋コンクリート造のひびわれ対策
　　（設計・施工）指針案，同解説」1978

(3) 砂・砂利は可能な限り粒形の丸いものを使用する

　一般に，砕石は実績率が小さいことと，表面が粗面で形が悪いために，単位水量が多くなります。ただし，砕石の産地によっては，また砕石工場によっては，粒形のよい砕石を出す場所もあります。

砂・砂利は可能な限り粒形の丸いものを使用する。

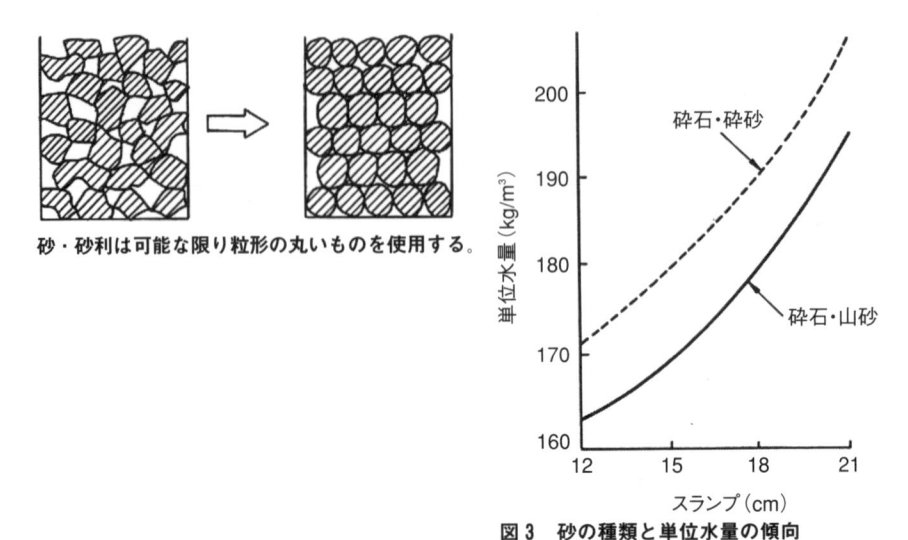

図3　砂の種類と単位水量の傾向

(4) 実績率の大きい骨材を使用する

　大・中・小の骨材が適度に混ざっているとペースト量が少なくてすみます。
　川砂利は実績率が63％以上，砕石は57％以上のものを用います。

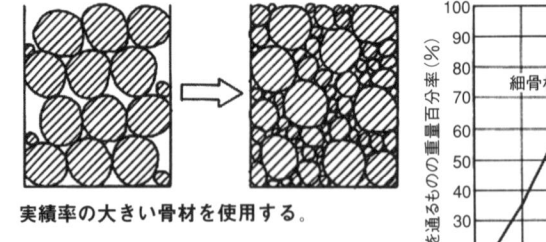

実績率の大きい骨材を使用する。

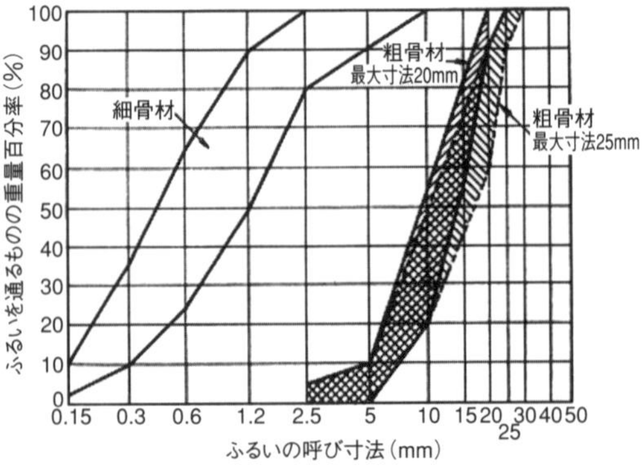

図4　骨材の標準粒度

(5) 砂率（細骨材率）を小さくする

砂率と水量とは密接な関係があり，スランプ18cmでは砂率1％の変化で水量が約5 kg/m³も変化します。砂率の多いコンクリートは，モルタルリッチなコンクリートとなり，砂率の小さいコンクリートは荒々しい感じのコンクリートとなります。

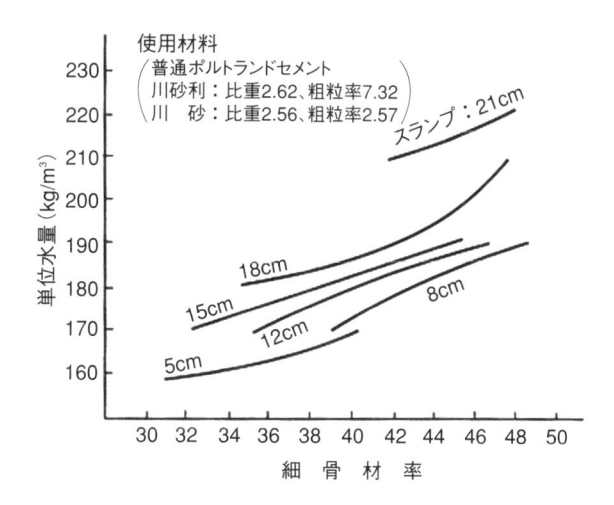

図5 細骨材率と単位水量との関係
日本建築学会「鉄筋コンクリート造のひびわれ対策（設計・施工）指針案，同解説」1978

(6) 減水効果の大きい混和剤を使用する

減水効果はAE剤，AE減水剤，高性能減水剤，高性能AE減水剤の順に大きくなります。一般には，AE減水剤を使うのが適当かと思いますが，単位水量が185kg/m³以下にならない場合または単位水量を特に少なくしたい場合には，高性能AE減水剤を使用します。

Question 42
ひびわれ対策に有効な混和材料には、どんなものがありますか？

Answer

ひびわれ低減に少しでも影響がある混和材料は，かなりの数になると思われますが，ここでは，はっきりとひびわれ低減を効果としてうたっているものを取り上げます。

(1) 膨張材

膨張の機構によりカルシウムサルホアルミネート系と水酸化カルシウム系とに大きくわけられます。前者はエトリンガイトと呼ばれる針状の結晶，後者は水酸化カルシウムの板状結晶の力を利用してコンクリートを膨張させるとされています。

膨張材入りのコンクリートは**図1**のように初期に膨張しますが，膨張した状態から普通のコンクリートのように乾燥収縮をします。ひびわれ低減効果は，初期

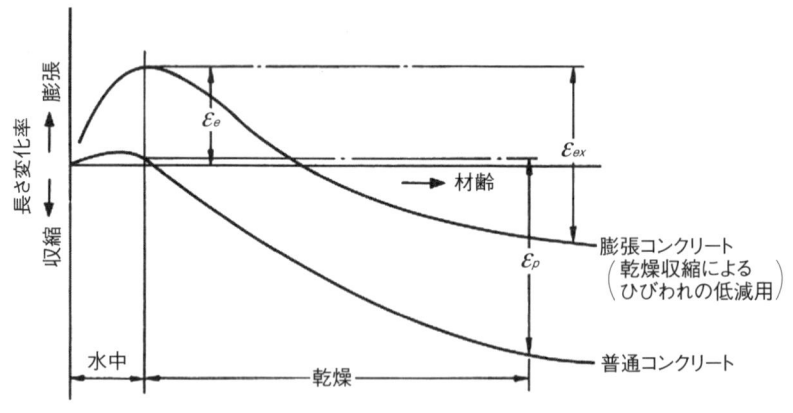

記号　ε_e：膨張コンクリートの無拘束膨張率
　　　ε_{ex}：膨張コンクリートの無拘束収縮率
　　　ε_p：普通コンクリートの無拘束収縮率
　　　通常　$\varepsilon_{ex} = (0.7〜0.8)\varepsilon_p$

図1　膨張コンクリートおよび普通コンクリートの膨張・収縮特性曲線
　一家惟俊「膨張材使用によるひびわれ防止」施工　No.109．1975

の膨張を鉄筋等で拘束してコンクリートにストレスを与えることにより生じます。壁等の薄い部材では，これだけではひびわれを減らすことはできても，なくすことはできないようです。

(2) 収縮低減剤

この材料は**Q5**で述べた乾燥収縮の原因である毛細管張力を小さくする薬品です。資料によれば，この薬品を混入することにより，乾燥収縮率を１／２程度に低減できますが，高価な薬品のため大きい建物で採用した例はまだ少ないようで，効果の程はよくわかっておりません。乾燥収縮の根本原因に迫る対策として興味深い材料です。

(3) 高性能AE減水剤

通常のAE減水剤の減水率は12％程度ですが，この材料の減水率は20％程度もあります。したがって，通常のスランプ12cm程度の単位水量のコンクリートをスランプ18cmで打設することができます。

(4) 流動化剤

流動化剤は，通常の混和剤を用いてあらかじめ練っておいたコンクリート（ベースコンクリート）に，現場または工場で添加して大きいスランプのコンクリート（流動化コンクリート）にするものです。注意点としては，ベースコンクリートの砂率（s/a）を流動化後のスランプのそれにしておくこと。流動化後のスランプはベーススランププラス６cmより大きくしないこと等です。これ以上大きくすると分離しやすくなる等の問題が生じます。

(5) ファイバー

二次製品には硝子繊維，炭素繊維，スチールファイバーその他の繊維類が用いられていますが，現場打ちのコンクリートには，現在スチールファイバーのみが用いられているようです。

通常，ミキサーや生コン車にファイバーを混入すると，ファイバーがボール状になりうまく混ざりません。いろいろな工夫をして混ぜたとしても，コンクリートの流動性が著しく低下するので，試験施工はされているようですが躯体のコンクリートとして打込むのは困難です。したがって，今のところ使用部位は土間のコンクリートに限られているようです。

ファイバーコンクリートはファイバーを入れることにより，コンクリートの引張強さを高めたものですが，収縮率はほとんど変わりませんから，誘発目地は必要です。

また，この場合は誘発目地が極めて効果を発揮します。

よくわかる「コンクリート建物のひびわれ」

Question 43
コンクリートの膨張材の効果は期待できないのですか？

Answer

結論を先に言えば，期待できます。

ひびわれ対策にはPC化やスリット目地を活用する以外，絶大な効果があるといえるものはありません。膨張材もそれを使用したからと言って，ひびわれが劇的に少なくなるということはないようです。

一般にひびわれ対策は，劇的に顕著な効果がない場合は，効果なしと判断されがちです。

膨張材はコストの割りに大きな効果が伴わないので，ひびわれ対策の主役になりにくい材料だといえます。

しかし，通常規模のRC造の建物の場合は，誘発目地でひびわれをコントロールできますが，誘発目地のみでは上手くコントロールできない場合，あるいは誘発目地が設けられない場合には，膨張材が有効ではないかと思います。

たとえば，次のような場合です。

(1) 長大な建物で，斜めひびわれが多発されると予想される建物は，垂直方向の誘発目地の効果は少ないので，膨張材を併用して斜めひびわれの傾向を少なくし，誘発目地の効果を高めることが考えられます。
(2) 壁厚が大きい場合は誘発目地が効果的ではありませんから，膨張材で対策をすることが考えられます。
(3) スラブのように誘発目地を設けられない場合は，膨張材でひびわれを少なくできると考えられます。特にデッキプレートを使用したスラブについては，経験上ひびわれを少なくするには膨張材の採用が有効のようです。外壁の場合は，ひびわれは漏水を伴うことが多いため，ひびわれ対策に完全に近いものが要求され，そうでなくては評価されませんが，床の場合は，漏水がないため，ひびわれが少なくなるだけでも評価されます。
(4) 土間コンクリートで，**Q15**で述べているように誘発目地が設けられない場合には，膨張材を併用するとよいと思います。

Question 44
コンクリートの水和熱によるひびわれ防止には，どんな対策がありますか？

Answer

　コンクリートの水和熱による温度上昇をできるだけ低く押さえること，最高温度に達した後，徐々に冷却することが，この温度ひびわれ防止の基本です。方法としては次のようなものがありますが，**Q1**で述べたような背景から，コストがかさむ大掛かりな方法は，一般に建築工事では採用されていません。

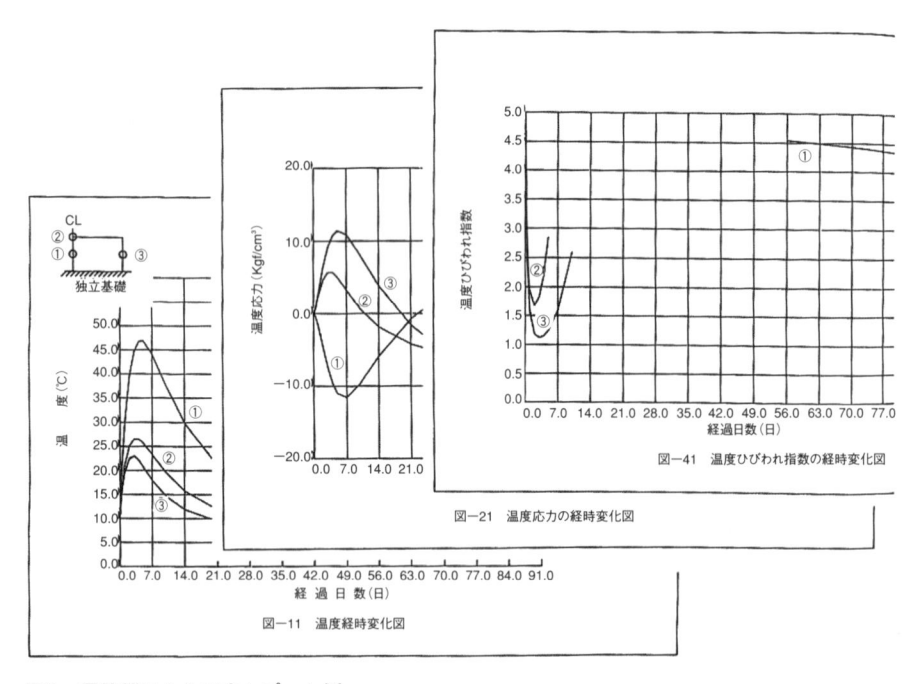

図−11　温度経時変化図

図−21　温度応力の経時変化図

図−41　温度ひびわれ指数の経時変化図

図1　電算機によるアウトプット例
　　清水建設㈱開発による市販マスコン解析プログラム"MASPA"による。

(1) **セメントの使用量を減らす**
- スランプを下げる。施工性を低下させない対策として高性能AE減水剤，流動化剤等を併用する
- 水和熱を考慮した積算温度による強度管理をして，気温による強度の補正値を小さくする。

(2) **発熱量の少ないセメントを使用する**
- 中庸熱ポルトランドセメント，高炉セメント，フライアッシュセメント，マスコン型高炉セメント等を使用する。

(3) **水和熱を押える混和剤を使用する**
- AE減水剤遅延形，減水剤遅延形等を使用する。

(4) **打込み時のコンクリート温度を下げる**
- コルゲートサイロの使用，散水等で砂利の温度を下げる。
- セメントを冷まして使う（セメント工場から納入されたばかりのセメントは熱いことがある）。
- 水温を氷等で下げる。
- 氷フレーク等を使用する。
- 特殊な工法として
  砂に液体窒素を吹込んで温度を下げて使用する（サンドプレクール工法）。
  生コン車中に液体窒素を吹き込んで生コン温度を下げて使用する（NICEクリート工法）。

(5) **コンクリート表面と内部の温度差を小さくする**
- 外部を保温する。
- 特殊な方法として，内部に冷却パイプを配しておき，冷却水を通して冷却する。

(6) **最高温度に達した後，冷却速度を遅くする。**
- 外部を保温する。

　これらの対策を効果的に採用するについては，マスコンの規模や状態により異なりますから，信頼のできる方法で解析を行って選定するのがよいと思います。

Question 45
アルカリ骨材反応を防止するには，どんな対策をとればよいですか？

Answer

　アルカリ骨材反応は，骨材に含まれる非晶質シリカまたはシリカ化合物と，コンクリート中に含まれるアルカリ成分（Na，K）とが反応して膨張する現象です。

　もっぱら川砂利を骨材として使っていた時代には，我が国ではこのような事故がなく，学会や建設省でも全く対応していませんでした。川砂利の採取が制限されて，骨材が川砂利から砕石に変わってきたために問題化してきたものです。

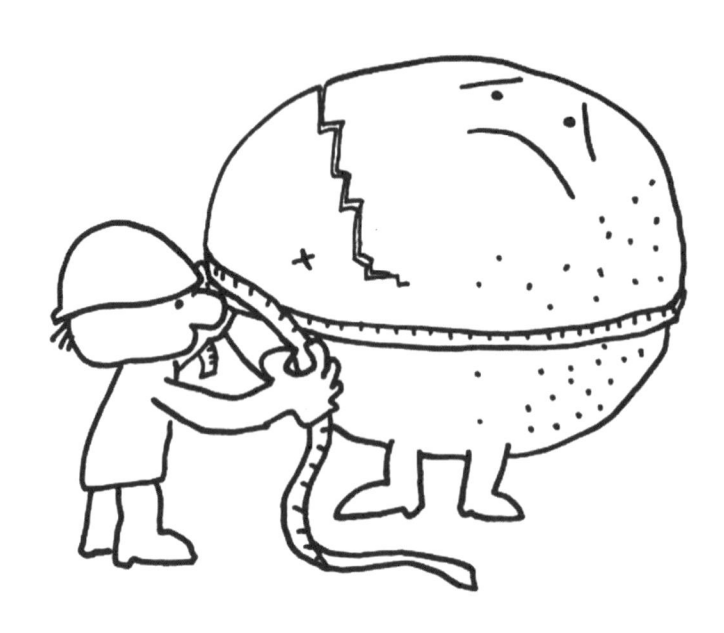

この対策として建設省では，後述（**Q48**）の「コンクリートの耐久性確保に係る措置について」（建設省住指発第142号）の中の「アルカリ骨材反応対策に関する暫定指針について」の項に暫定指針を掲げており，平成元年7月17日には「アルカリ骨材反応抑制対策について」（建設省住指発第370号）および「アルカリ骨材反応抑制対策について」の運用について（建設省住指発第371号）が出されています。

これに対応して，昭和61年10月改定JIS A 5308「レデーミクストコンクリート」にもアルカリ骨材反応対策が盛込まれました。すなわちJIS表示許可をされた生コン工場は，以下に示す4つの対策のうち，どの対策を採用しているかを購入者に報告することが義務付けられています。また，購入者の要求により，その基礎となる資料を提出しなければならないことになっています。
①無害と判定される骨材を使用する。
②低アルカリセメントを使用する。
③アルカリ総量を3.0kg/㎥以下とする。
④高炉セメントやフライアッシュセメントを使用する。
　一般には上記対策のうち①が原則になっているようです。骨材の試験はJIS工場では年2回行うように定められておりますから，試験結果を取寄せて確認することが大切です。
　JIS工場以外の場合も当然同様のチェックが必要です。
　JIS A 5308も新しい通達に基づき，平成元年12月に改正されました。
　③のアルカリ総量の計算は以下のようにします。
　　$Rt = R_2O/100 \times C + 0.9 \times C\ell + Rm$
　　　ただし，Rt　：アルカリ総量（kg/㎥）
　　　　　　　R_2O：セメント中のアルカリ総量(%)…配合報告書に記載される
　　　　　　　C　　：単位セメント量（kg/㎥）
　　　　　　　$C\ell$　：コンクリート中の塩素イオン量（kg/㎥）
　　　　　　　Rm　：コンクリートの混和剤に含まれるアルカリ量（kg/㎥）
　　　　　　　　　　　　　　　　　　　　…配合報告書に記載される

Question 46
軽量コンクリートはひびわれが少ないと聞きましたが，本当ですか？

Answer

　結論としては，人工軽量骨材を用いたコンクリートは，ひびわれが多くなるようです。特に粗骨材・細骨材共に人工軽量コンクリートを用いた軽量コンクリート2種はひびわれが多くなります。

　軽量コンクリートは，吸水率が高い骨材が多量の水分を持っているため，半年程度の短期間では普通コンクリートより乾燥収縮率が小さいので，実験データによっては，乾燥収縮率が小さいかのように見えるものがあります。

　しかし，軽量コンクリート造の建物は，一般に1年2年と経過するにつれ，コンクリート表面に無数の微細なひびわれが発生し，それが経年によりさらに拡大して目立つようになり，最終的にはひびわれが多い建物になります。

　これは，軽量コンクリートは，表層は乾燥しても，内部に水分が多いので内部の乾燥収縮がなかなか進まないために，起る現象と考えられます。特に2種の軽量コンクリートは内部の水分が多いためか，この傾向が強く出ます。

　発生するひびわれが，コンクリートの表層と内部の乾燥状態の差によって発生するものなので，誘発目地が効果的に働きません。したがって，建物のひびわれ防止は難しいといえます。

　軽量コンクリートの打放し化粧仕上げは避けるのが賢明と思います。

　今では，軽量2種コンクリートをPCカーテンウォールに使うことはほとんどないと思いますが，タイルを先付けした軽量2種のPCカーテンウォールから，コンクリートもろともタイルが剥離した事例もあります。

　最近は，吸水率の非常に小さい超軽量骨材が色々開発されていますが，それらについては，恐らく従来の軽量コンクリートのような問題はないと思われます。

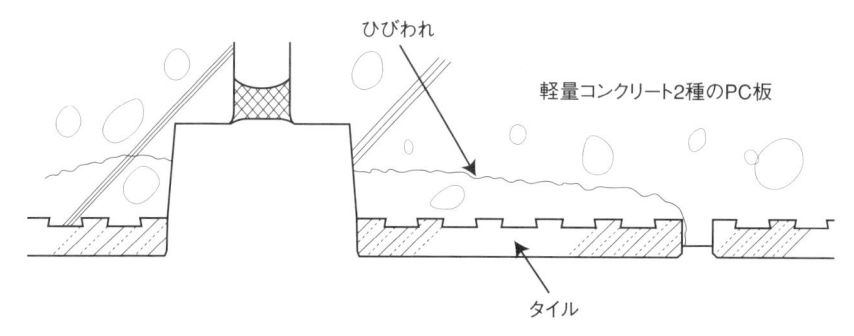

図1 軽量コンクリート2種を用いたPC板のひびわれ例

Question 47
コンクリートの配合で，ひびわれをなくすことはできないのですか？

Answer

　Q1でも記述しているように，全ての建物を対象に，コンクリートの配合のみでひびわれをなくすことは現在の技術では難しいと思います。しかしある程度までの規模，構造，建物の形状，低スランプのコンクリートを打設できる断面等の建物であれば，配合のみでひびわれをなくすことが可能と考えています。

　すなわち，設計段階で，ひびわれがでにくい設計，硬練りのコンクリートでも打設できる部材断面設計をすれば不可能ではありません。では，どのような場合にコンクリートの配合で対応できるか。それは以下のようになると思います。

(1) 壁構造

　Q11で述べたように，壁構造は部材の厚さに大きな差が無いことと，一般に規模が小さいために極めてひびわれが少ないですから，コンクリートの配合に少し配慮すればひび割れをなくせると思います。

　恐らく，戸建住宅程度の規模であれば，普通コンクリート，スランプ18cm，水セメント比50％程度のコンクリートでひびわれはほとんど生じないのではないかと思います。

(2) ラーメン構造

　ラーメン構造の場合は，コンクリートの配合のみで対応した事例を調査した経験が無いので，全くの推定ですが，恐らく次のような条件を満たす場合には，配合で対応できると思います。ただし，それでも，一般的にひびわれが出やすい部分には，誘発目地を設けておく方が無難と思います。

・コンクリートの単位水量を170kg/m³以下とする。
・前項のコンクリートは高性能AE減水剤を用いてもスランプ18cm以下，通常ならスランプ15cm以下になりますから，そのようなコンクリートが確実に打ち込める部材断面を設計する。
　このようにすることにより，壁の厚さは厚くなり，乾燥速度が，柱・梁に近づく効果もあります。
・水セメント比を50％程度とする。

セメントが少ないコンクリートは強度が出ていても，よいコンクリートとはいえず，単位セメント量は330kg/m³は欲しいと思います。したがって，水セメント比は50％程度になります。
・窓をできるだけ縦長の形状とする。
　床から，梁まで達する窓は，収縮歪を窓部分で吸収する効果があり，ひびわれ防止に極めて効果が大きいだけでなく，コンクリート打設時に，コンクリートが窓型枠に堰止められ，流れないので，締固めをしっかりできる上に，コールドジョイントの防止にも効果を発揮します。したがって，要所に床から梁に達する窓等を設けます。

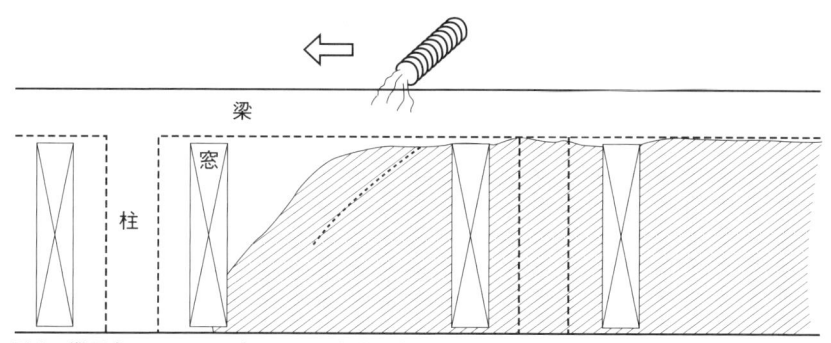

図1　縦長窓はコールドジョイントを防止する

・建物の長さを30m程度以下とし，かつ平面形状を矩形でなく，凹凸のある形にする。
・コンクリート打設時に，ブリーディングが終了した頃を見計らって，梁より上の部分は，バイブレーターで再振動締固めを行う。
　スランプが小さくでも，ブリーディングはゼロではありませんから，再振動を行うことが必要です。

(3) 地域性

　これは，経験からの印象ですが，年間を通じて湿度が高い地方（たとえば，沖縄，北陸等雪の多い日本海側等）では，関東地方等と比べて乾燥収縮によるひびわれが少ないようです。
　(1)(2)の条件に加えて，このような地域であればさらにひびわれ防止の可能性が高くなるのではないかと思います。
　直線的な長い外壁面をもつ建物では，拘束緩和が小さいため，コンクリートの乾燥収縮，コンクリート水和熱が冷却する際の収縮の影響が大きくなりますので，配合だけで対応するのは無理だと思います。

Question 48
コンクリート中の塩化物とひびわれは関係ありますか？

Answer

　塩化物が関係するひびわれは乾燥収縮によるものでなく，塩素イオンが原因の鉄筋の発錆によるものの方が問題です。

　海砂を使用したと判断される建物において，鉄筋の錆によるコンクリートの剥落事故が多発したことから，建設省から昭和61年6月2日付けで「コンクリートの耐久性確保に係る措置について」（建設省住指発第142号）が出されました。JASS 5でもこれを受けて，

①コンクリート1m³中に塩素イオン量が0.3kgを超えて混入していてはならないこと。

②上記を確認するために，現場において塩化物量を測定しなければならないこと。

③測定頻度は，海砂を用いている地方では打込み当初および150m³ごとに1回，海砂を用いていない地域では1日1回以上とすること。

等を規定しています。

　測定した結果では，現在のところ規定値を大幅に下回る0.1〜0.005kg/m³のところが大部分です。

　海砂を使用している地域でも，現在は砂の洗いがしっかり行われており，規定値を十分下まわっているようです。

施工段階でのひびわれ対策

- Q49 施工段階でのひびわれ低減には，どんな対策がありますか？
- Q50 分割打設はひびわれ低減上なぜ有効なのですか。またどのような方法がありますか？
- Q51 コンクリートを垂直に打継ぐ場合，どの位置が適当ですか。またそれはなぜですか？
- Q52 鉄筋のコンクリートかぶり厚さとひびわれは，関係がありますか？
- Q53 コールドジョイントを造らない打設はどうしたらよいですか？
- Q54 散水養生はひびわれ低減に，どのような効果がありますか？
- Q55 型枠支保工の早期解体が可能となりましたが，ひびわれ発生の問題はありませんか？
- Q56 ジャンカ（豆板）や空洞，沈みひびわれの防止は，どうすればよいですか？

Question 49
施工段階でのひびわれ低減には，どんな対策がありますか？

Answer

　施工段階でとれる乾燥収縮ひびわれ低減に有効な対策は，分割打設と低スランプ打設です。分割打設と低スランプ打設ができないならば，施工段階でひびわれを積極的に減らせる対策はないようです。

　分割打設については，**Q50**で詳述しています。また，低スランプ打設は，いくら施工段階で頑張っても，設計との協同作業で行わなくてはジャンカや空洞が多発して，かえって逆効果の結果に終ります。

　その他施工段階でのひびわれ対策として，次のような事項が取り上げられることが多いと思います。

- ・鉄筋位置の確保（かぶり確保など）
- ・打継ぎ位置と方法
- ・打設順序（回し打ち，片押し打ち）
- ・打設配員（人数，担当）
- ・締固め方法（ジャンカ，コールドジョイント防止）
- ・養生方法（散水，型枠存置）

　しかし，これらの対策は，ひびわれ対策というより，コンクリートとして当然確保すべき品質を造り込むのに必要な対策と言えます。すなわち，これらのことが正しく行われないときには，発生しなくてもよいひびわれが発生したり，コンクリートの他の品質特性，例えば耐久性や強度の低下に直結します。

　設計やコンクリート調合でせっかくひびわれ低減の対策がとられていても，施工によるひびわれが発生していたのでは申しわけありません。やはり，施工段階ではこれらの事項について正しい知識を持ち，それを着実に実施することが大切です。

◀締固め不十分
上部は締固められているが、下部は締固められていない。
冠壁ということで気がゆるんだのか。強度上問題であるが、良い型枠を組み立てた大工さんにも申し訳ない。

鉄骨鉄筋コンクリート梁下部の
コールドジョイント▶
鉄骨のフランジ下端で打ち止めると、バイブレーターを挿入できないのでコールドジョイントができる。

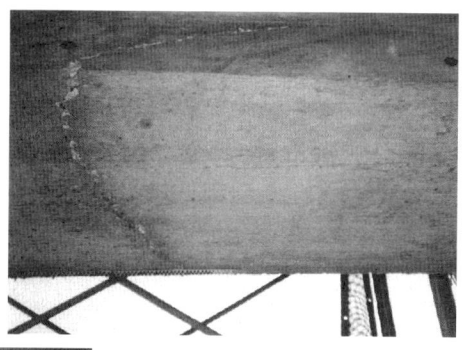

◀ダクト貫通部
このようにすれば空洞もできず、ダクトまわりのすき間ふさぎもしなくてすむ。

超高圧水洗浄をした
コンクリート表面▶
表面には気泡がなくても、超高圧水で洗浄すると気泡が現れる。脱型後の打ち上がり表面が気泡だらけでは、内部が心配になる。

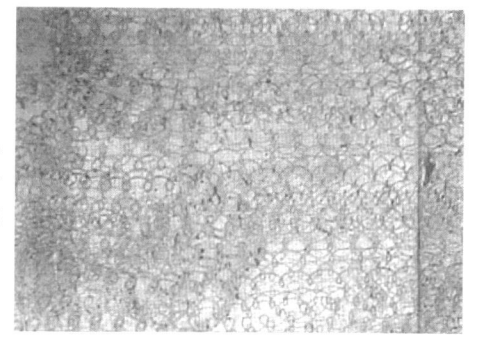

施工段階でのひびわれ対策

Question 50
分割打設はひびわれ低減上なぜ有効なのですか。またどのような方法がありますか？

Answer

　分割打設がひびわれ低減，特に斜めひびわれの低減に効果があるのは次のような理由によります。

　コンクリートの乾燥収縮速度は，部材の大きさで異なりますが供試体ではおよそ**図1**に示すように最初の4週間で全収縮量の50％，6週で60％，8週で70％もの収縮が進みます（実際の構造物では，コンクリートの乾燥収縮はもっとおそくなりますが）。

　したがって，工区を分割して打設することによって，工区ごとの収縮を先行させ，建物全体としての収縮歪みを小さくすることができるのです。

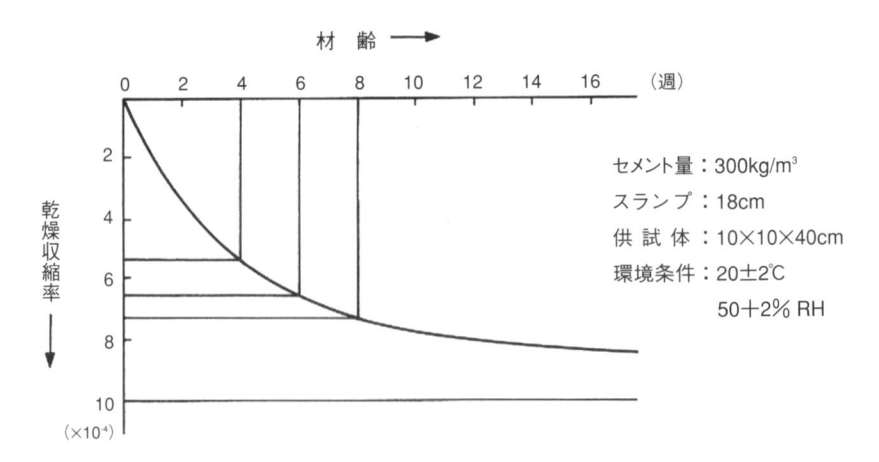

セメント量：300kg/m³
スランプ：18cm
供試体：10×10×40cm
環境条件：20±2℃
　　　　　50±2％ RH

図1　コンクリートの乾燥収縮例

(1) 1日の打設量は300m³以下が理想

　コンクリートの打込み区画の決定には，工期上の制約や型枠の転用計画，労務の平準化などの総合的判断が必要となりますが，コンクリートのひびわれ低減からの検討もぜひ加えてください。特に長大建物の斜めひびわれ対策としては，エ

キスパンションジョイントの設置に次ぐ有効な手段になりますので，規模の大きい建物ではぜひご検討ください。

分割の目安として1回の打設の設量が望ましくは300㎥程度以下となるようにします。分割打設のメリット，デメリットを整理すると**表1**のようになります。

表1　打込み区画決定時の検討事項

検討項目	区画の大小		備考
	大区画 (300㎥以上)	小区画 (300㎥以上)	
コンクリートの締固め	△	○	ポンプ車1台あたり300㎥以下がよく締固められる量
コンクリートのひびわれ	×	○	長大建物には斜めひびわれが発生する
打継ぎ部の止水処理	○	△	打継ぎ型枠手間（費用）がかかる
打継ぎ部の構造耐力	○	△	打継ぎ箇所に欠損を生じやすいが実際上は問題ない。鉄筋型枠工事が増える
工程	○	○	作業の平準化により，省力化が可能
コンクリート打設費用	○	△	１人当り，ポンプ車1台当たりの打設量が小となる
コンクリート打ちの平準化	×	○	型枠，鉄筋を含めて，労務供給が平準化される
工場能力	△（要調査）	○	１工場の生コンでまかなえる
運搬能力（場内・場外）	△（要調査）	○	無理をしないでできる

○よい，または問題なし。　△やや問題あり。　×悪い。

（2）打設順序は検討を要す

分割打設をしても，A案のように端から順次打設したのではあまり効果はありません。できるだけ，前回打設した工区と接する工区との間に日数をとることと，垂直の誘発目地で制御できない斜めひびわれを減らす工夫が大切です。例えば，１Fフロアを４工区に分割した場合の打設順序はB案とC案などが考えられますが，B案の方が斜めひびわれが減ると考えられます。ただし，中央部分のたてのひびわれは増加しますから，垂直の誘発目地を適正な間隔に設けておく必要があります。

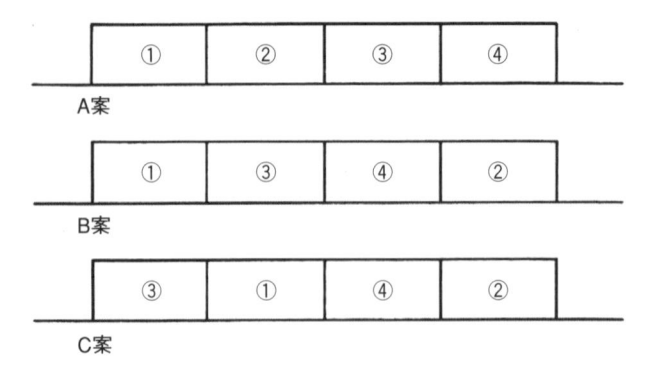

```
┌─────┬─────┬─────┬─────┐
│  ①  │  ②  │  ③  │  ④  │
└─────┴─────┴─────┴─────┘
  A案

┌─────┬─────┬─────┬─────┐
│  ①  │  ③  │  ④  │  ②  │
└─────┴─────┴─────┴─────┘
  B案

┌─────┬─────┬─────┬─────┐
│  ③  │  ①  │  ④  │  ②  │
└─────┴─────┴─────┴─────┘
  C案
```

注〕◯数は打設順序を示す

図2　打設順序の検討

(3) 収縮帯は分割打設と同じかそれ以上の効果がある

　分割打設の採否は単にひびわれの低減という目的のためだけで行うのでなく，むしろ，労務の平準化，型枠材の転用数の増等，繰り返し作業のメリットを計算

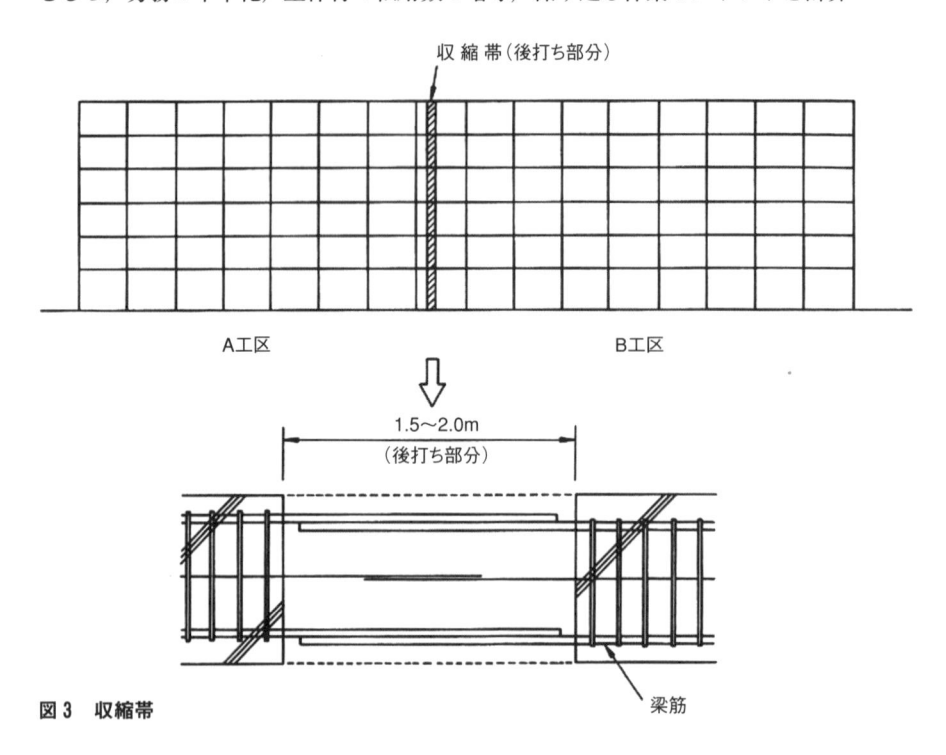

収縮帯（後打ち部分）

A工区　　　　　　　　　　　　　　B工区

⇩

1.5〜2.0m
（後打ち部分）

梁筋

図3　収縮帯

して決めますので分割打設のメリットがなければ，場合によっては1日で全工区のコンクリートを打設するという方針をとらざるを得ない場合があります。このようなとき，部分的に後打ち部分をつくることによって，分割打設と同じ効果を得ることができます。後打ち部分は，鉄筋のジョイントに必要最少限の長さである約1.5～2.0m程度とします。

図3において，A工区，B工区は締め固めをする人員がそろえば同一日にコンクリート打設してもよく，日を変えてもかまいません。自由に打設日を設定できます。A，B工区の間の後打ち部分（収縮帯）のコンクリートは，2カ月程度以降に打設するようにします。外壁の打継ぎ部は誘発目地またはかくし目地の扱いとし，シーリング等で止水します。

Question 51
コンクリートを垂直に打継ぐ場合，どの位置が適当ですか。またそれはなぜですか？

Answer

　RC造，SRC造のコンクリートは，計算上，圧縮力とせん断力を分担しています。圧縮の耐力に関しては，打継ぎはほとんど障害にならないと考えてよいと思います。せん断に関しては打継ぎの仕方によっては耐力の低下になりますから，一般に垂直の打継ぎ位置は垂直方向のせん断力の小さい部分にします。

　通常の壁は，垂直打継ぎは問題が少ないので，外壁については止水を第一に考えて，止水しやすい位置で打継ぐのがよいでしょう。内壁はきれいに打継げばどこでもよいと思います。

　スラブおよび梁は自重や積載荷重，地震などでせん断力が働きますから，打継ぎはせん断力が小さい部材の中央付近で行うのが原則です。ただし，曲げモーメントが大きい所で打継ぐと構造的に問題がなくても，引張側のコンクリートに乾燥収縮と引張で大きいひびわれが発生しますから，そのような部分も避けるのがよいと思います。

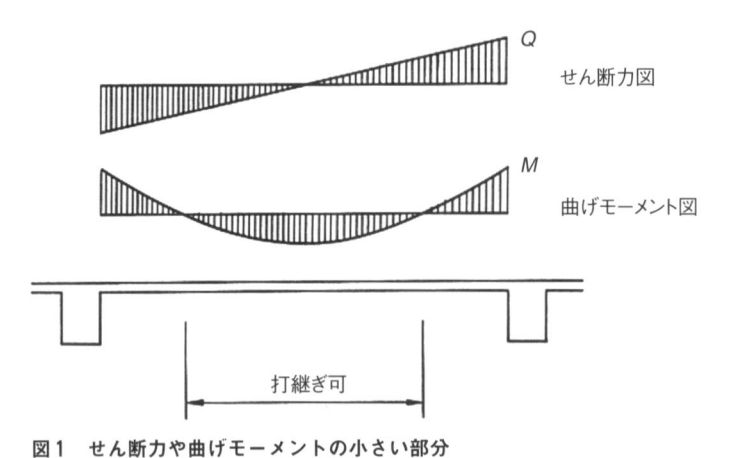

図1　せん断力や曲げモーメントの小さい部分

デッキプレートスラブや支保工が鋼製梁の場合の注意

　支保工がコンクリートの重量でたわむ場合は，不用意に中央付近で打継ぐと**図2**のように，後から打つコンクリートの重量で支保工がたわみ，先に打ったコンクリートにひびわれが出ることがあります。この場合は，鋼製梁などがたわまないように，支柱で補強するのもよいと思います。しかし，床の構造が，デッキプレートに鉄筋の代わりをさせている合成床板構造床の場合は，この様にすることにより，床端部上端のコンクリートに自重による余計な引張力が働き，ひびわれを多くしますので，中央部で打継ぐのは避けた方がよいかもしれません。

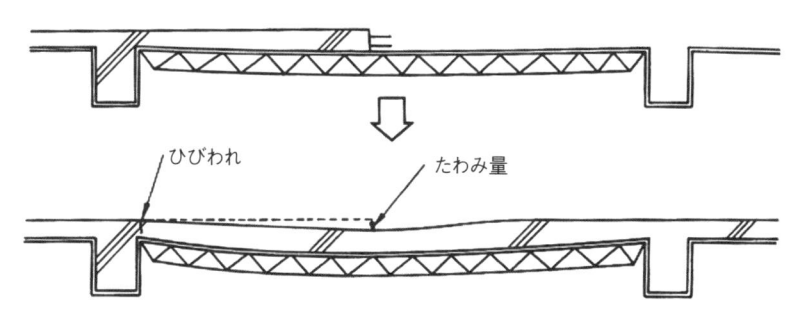

打継がれたコンクリートの重量で鋼製梁がたわむ
図2　鋼製梁の場合の不具合

　以上のように，梁，スラブの打継ぎは原則的には中央部ですが，そのためにかえって不具合が発生することも考えられます。また，打継ぐことにより補強鉄筋を入れる等構造上の補強が必要になることもあります。これらの判断は，構造計算上の余裕・匙加減で変わってきますから一概に決めてしまうことはできません。したがって，工事監理者や構造設計担当者と施工上起こりうる不具合や構造上の問題等をよく検討して，打継ぎ位置を決める必要があります。

Question 52
鉄筋コンクリートかぶり厚さとひびわれは，関係がありますか？

Answer

かぶり厚さが薄すぎてもまた厚すぎても，有害なひびわれが発生しやすくなります。

適正なかぶり厚さはRC構造体としての力学的な面からも必要なことですが，乾燥収縮ひびわれなどのひびわれの大きさ（太さ）や，コンクリートの中性化による鉄筋の発錆等にも密接な関係があります。

JASS 5では鉄筋のかぶり厚さについてかなり強調して詳しく書かれていますが，これはかぶり厚さの建物の耐久性に与える影響が極めて大きいということと，従来の設計の多くが，施工誤差等を考慮せずにかぶり厚さの最小値のみで行われていたために，事実上施工で最小値を確保できていない建物が多く，耐久性が問題化したことをふまえてのことです。

鉄筋は，コンクリートに打込まれてしまうと見えなくなり，後から直す手段がありません。したがって，設計者が正しく施工できる設計をしなければならないのはもちろんですが，施工者は施工図等であらかじめ鉄筋の納まりをよく検討して問題点を解決しておく必要があります。

また，配筋中に鉄筋径，本数，定着長，継手位置，かぶり寸法，支持の仕方などをチェックして，正確な位置を確保するのが最も重要な作業の一つです。

せっかく設計者が鉄筋比や部材断面を適切に設計し，有害なひびわれを防止しようとしても，鉄筋が正しい位置にない場合，効果が期待できないばかりでなく，逆効果になることすらあります。

(1) かぶり厚さの大きすぎによるひびわれ

梁のひびわれが異常に目立つ建物を調査したところ，設計変更で梁側のかぶり厚さが100mmになった部分であったという事例がありました。

かぶりが大きいとひびわれが目立つ原因として，次ぎのようなことがあります。
①コンクリート表面が鉄筋から遠くなるため，コンクリートの表面付近が収縮

するのを拘束する力が弱く，ひびわれが分散せずに集中して，大きくなることが考えられます。
②引張鉄筋側のかぶりが設計寸法より大きすぎ，構造体としての耐力が低下して変形が大きくなり，引張側のコンクリートのひびわれが大きくなることがあります。ただし，この場合は，①の現象も同時に起こるわけです。

(2) かぶり厚さ不足によるひびわれ

　ひびわれが発生しやすい方向と並行な鉄筋のかぶりが極端に少ないと，型枠解体後に鉄筋に沿ってひびわれが発生します。この原因はその鉄筋部分でコンクリートに引張の応力集中が起こるためです。おそらく鉄筋がひびわれ誘発目地のような役をするのではないかと思います。鉄筋のかぶり厚さが適当であればこの現象は起きないようです。余談ですがこれから判断すると，ひびわれ誘発目地はやはり表面の目地にした方が効果があり，壁の内部に空洞をつくるようなやり方は，よほど大きいものにしないと効果が小さいのではないかと思われます。

　コンクリートには中性化という現象があります。中性化というのは，アルカリ性のコンクリートが中性になるということです。コンクリートはセメントの水和物である水酸化カルシウムなどのためにアルカリ性なのですが，空気中の炭酸ガスにより中和されて，表面から徐々に中性になります。コンクリートが中性になると中の鉄筋が錆び，膨張して外側のコンクリートを押出しひびわれを生じさせます。さらに進行するとそのコンクリートが脱落するようになります。局部的なこのような現象は，構造体全体の耐力にはそれ程影響はありませんが，見た目には非常にみすぼらしく，コンクリートやその仕上げ材が落下すれば危険ですから，かぶり厚さの確保には細心の注意が必要です。

Question 53
コールドジョイントを造らない打設はどうしたらよいですか？

Answer

　コールドジョイントとは，同一打設日の先に打込まれたコンクリートと後から打込まれたコンクリートが一体化しない部分を言います。コールドジョイントの発生原因は簡単で，打足し（打継ぎ）時間間隔が長すぎたり，打足し部分の締固めが不適切であったりするためです。

　しかし，どの程度の時間が経過したら，どのような締め固めが必要かという定量的なことがわからないと防止には結びつきません。それに，打足し時間間隔がなぜ長くなるのかの原因を追及しなければ，コールドジョイントの発生を防止する手段は分かりません。

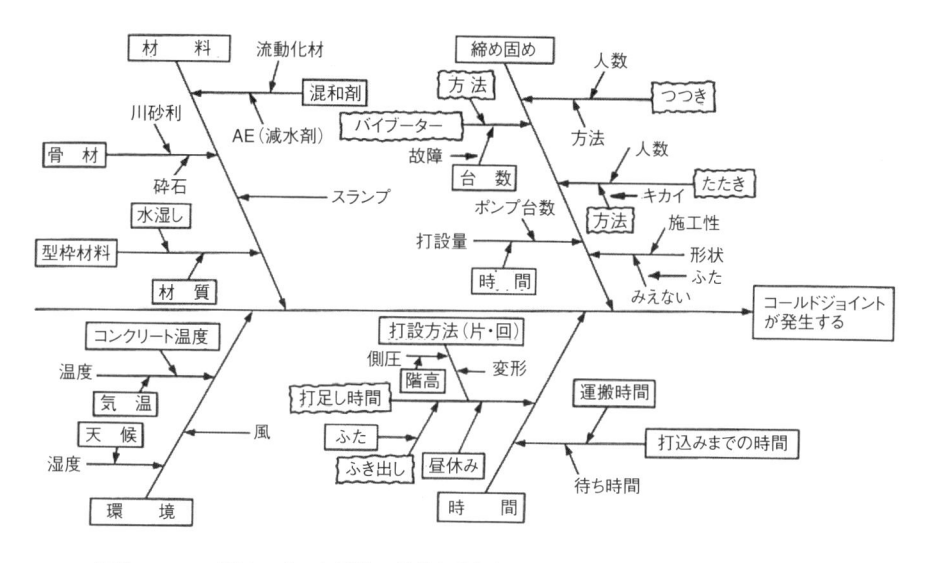

図1は，コールドジョイント発生の特性要因図です。コールドジョイントの直接の発生原因であるブリーディングに伴うレイタンス層の形成，コンクリートの凝結は，環境，時間などにおきかえ，この特性要因図にはのせてありません。調査の結果，**時間**の中の打足し時間，**環境**の中の気温，**締め固め**の中のバイブレーター，たたき，つつきがコールドジョイント発生の主要因であることが確かめられています。この中で気温はわれわれにはコントロールできません。また締め固め方法は場所ごとにいちいち変えるより，打設全体を通じて標準化しておいた方が効果的ですから，いかに打足し時間間隔を押えるかが，コールドジョイント発生防止のキーポイントになります。

図1　コールドジョイント発生の特性要因図

(1) 打足し時間の限度

JASS 5の解説では，打足し時間の制限（打継ぎ時間間隔の限度）は，運搬時間が1時間程度の場合，25℃以下のとき，2.5時間（150分），25℃以上のとき2時間（120分）と述べられています。一見甘そうなこの時間ですが，回し打ちでこれを守るためには，打設計画をよほど綿密に計画しておかなければ達成できません。さらに，締固めのグレードを後で述べる程度とする（常識的な締め固め方法と思われる程度）ならば，JASS 5の数値より，打足し時間は短くしたほうがよく，25℃以上では，できれば90分程度以下に押えたいものです。ただし凝結遅延剤を用いる夏期配合の場合には，JASS 5どおりでよいようです。したがって，コール

ドジョイントを防止するための打足し時間の限度は，図2のように考えると無難です。

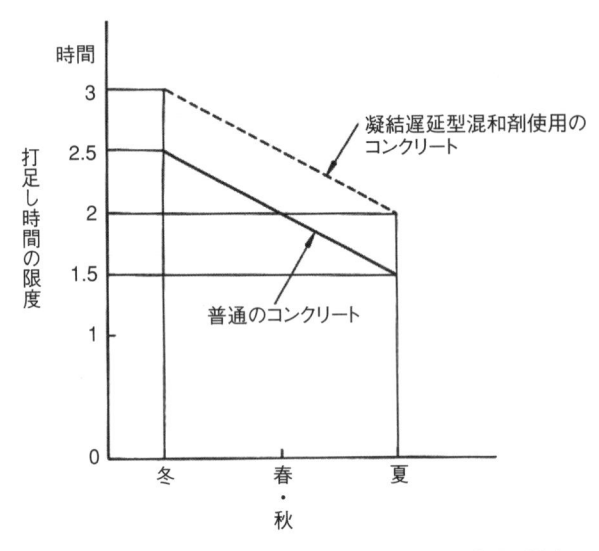

```
時間
 3  ┬──────┐
     │      ╲   凝結遅延型混和剤使用の
2.5 ┼──────╲──コンクリート
     │        ╲ ╲
 2  ┼──────────╲─┐
     │    ╲      ╲ │
1.5 ┼──────╲──────┤
     │  普通のコンクリート
 1  ┤
     │
 0  └──┬───┬───┬──
       冬  春  夏
           ・
           秋
打足し時間の限度
```

図2　コールドジョイントを発生させない打足し時間の限度

(2) 打足し時間の限度内で完了する方法

①窓，庇，階段など噴出し部に蓋をする。

　打足し時間が長くなる要因として，噴出し部は先に打ったコンクリートの凝結を待たなくてはならないということがあります。まして，この部分は締固めは逆にセーブして噴き出さないようにそっと打ち足していく傾向にあります。これでは，コールドジョイントの発生が多いのはあたりまえです。

②打設範囲を拡大しない。

　打足し時間間隔を測りながら打設するのは難しいので，目標時間内に打足しのできる範囲をあらかじめ決め，この中で回し打ちをするようにすれば，コールドジョイントの発生を押えることができます。打足し時間間隔を120分以内としたい場合の打設範囲の限度は，打設早さを30㎥/hr，1区間内を2回に分けて打つとすると，30㎥/hr×2hr×2＝120㎥となります。1日の総打設量が250㎥程度の場合は2つに区分して打つようにすればよいことになります。

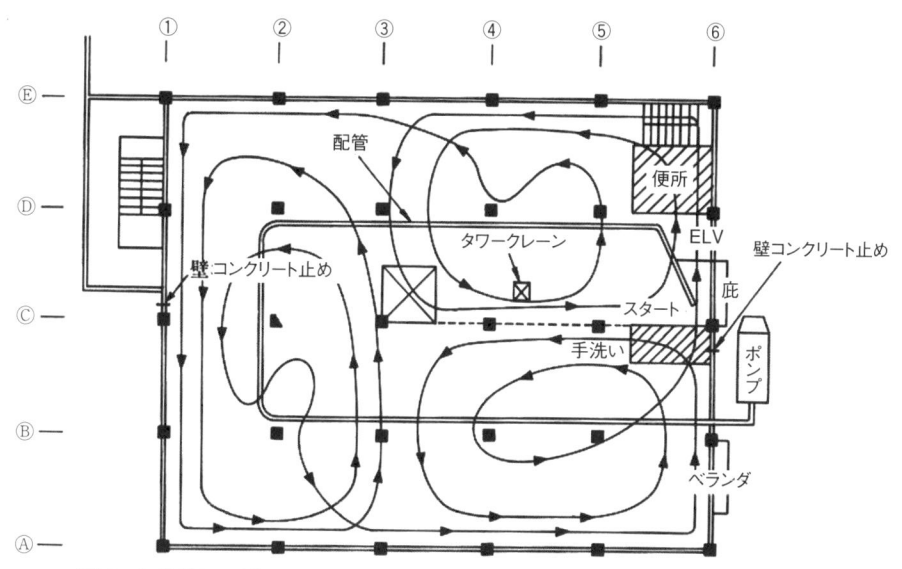

図3 打設計画の例

(3) 締固め方法

打足し時間の限度が，前述のとおり守れるという前提であれば，一般に行われている程度の締固めでコールドジョイントの発生は防止できます。一般に行われている程度の締固めとは，以下のとおりです。

①バイブレーターはポンプ車1台あたり2本以上使用する。
②挿入間隔50cm程度，1回の挿入時間10秒程度
③挿入深さは，先打ちコンクリートへ20cm程度入れ上下する。
④たたきの人数は6名程度とする（内部3人，外部3人）。
⑤つつきの人数は2名程度とする。

先打ちのコンクリート上面にレイタンス層ができている場合は，その層をくずすように突き固めないと前述の時間内であってもコールドジョイントができてしまいます。ですから，③の先打ちコンクリートへ20cm程度以上バイブレーターを入れるのは重要なポイントです。特に時間が60分以上あいた場合は必ず意識的に行ってください。SRC造の鉄骨梁下に流れたコンクリートはコールドジョイントができやすく，③をきちっと行わないと将来破片が落下するかもしれません。

コールドジョイントは，型枠を取り外したらすぐその結果が分かりますので，目標より多かったか少なかったかを判定し，目標以上発生していた場合には，対策の何が守れなかったかを反省してみることが大切です。

Question 54
散水養生はひびわれ低減に、どのような効果がありますか？

Answer

(1) 初期の散水養生はひびわれ防止に効果がある

コンクリートが固まる前に内部の水が蒸発すると、ひびわれが発生します。これは、たんぼの水が干上がったときにできるひびわれと同じようなものと考えればよいでしょう。

このひびわれをプラスチックひびわれと呼んでいます。米国での研究発表によれば、コンクリート打設後の水分蒸発量が1.5 ℓ/m^{2}h以上になると、このひびわれが発生するとのことです。

暖かい季節には、コンクリートの凝結によってブリーディング水が少なくなると同時に蒸発も速いですから、非常にこのひびわれが発生しやすくなります。経験では、夏期配合のコンクリートを使っている真夏よりも4～5月に多いので注意して下さい。

このひびわれを防止するには、打設が終ったコンクリートの表面に水を供給してやることにより、内部の水を奪われないようにするのが効果的です。したがって、初期の散水養生は初期のひびわれを防止するための効果があります。このひびわれを放置すると、**写真**に示すように、い

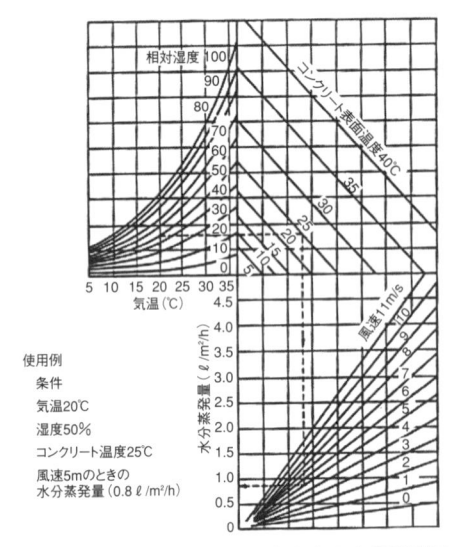

図1 フレッシュコンクリートからの水分蒸発量の計算図表
(National Sand and Gravel Association, National Ready Mixed Concrete Association, America)
気温、相対湿度、コンクリート表面温度および風速がわかれば、破線の矢印の順に図表を用いて、水分蒸発量を求められる

使用例
条件
気温20℃
湿度50%
コンクリート温度25℃
風速5mのときの
水分蒸発量(0.8 ℓ/m^{2}h)

わゆる乾燥収縮でひびわれがスラブを貫通しますので，もし，初期ひびわれが発生したら直ちにタンピングをして，ひびわれをなくしてから散水します。

　暖かい日の日中にスラブのコンクリートまで打ち上げてしまう場合には，まだコンクリートの打設中であっても，打ち上がった部分に注意を払いスラブ表面が乾燥しそうになった時には，打設中のコンクリートに水が混ざらないように注意して，散水してやることが重要です。

　また，散水養生は，コンクリートの表面強度の確保にも，効果があると考えられます。

プラスチックひびわれがその後の乾燥収縮でスラブを貫通

(2) 散水養生は乾燥収縮ひびわれ低減に効果があるとは言えない

　"散水養生をすればコンクリートのひびわれを防ぐことができる"と，一時散水養生有効論が展開された時期もありましたが，散水養生は乾燥収縮ひびわれの低減には効果がないようです。

　実験結果では，試験体を水中で長時間養生したものも，全く水中養生しなかったものも最終的なひびわれの量に変わりがなかったというデータが得られています。おそらく，初期ひびわれさえ防止すれば，コンクリートを水中養生しなくても，乾燥収縮率に大きな違いがないこと，養生で強度が高くなればなるほど，収縮で発生する応力が大きくなること等が理由ではないかと思われます。

　コンクリートは水中で養生している間は，むしろ膨張傾向にありますから，永久に散水養生をし続けられれば，そのひびわれ防止効果は十分得られるでしょうが，それは不可能でいずれ自然の乾燥状態にならざるを得ません。したがって，それ以後乾燥収縮しますから，ひびわれの発生は防止できないことになります。建物を半分に分け，10日間の散水養生をした部分と通常の方法による部分とで，ひびわれの出方に差が認められなかったという経験もあります。

Question 55
型枠支保工の早期解体が可能となりましたが，ひびわれ発生の問題はありませんか？

Answer

昭和61年のJASS 5改定で，支保工を取り外ずせる場合が次のようになりました。

① スラブ下，梁下の支保工は，構造体のコンクリート強度が設計基準強度の100％以上であることが確認された場合（ただし，その部材にかかる施工荷重が設計荷重を上まわる場合は，計算によって安全であることを確めた後に取り外す）。

② 構造計算によって，解体に必要な強度を求め，構造体のコンクリート強度がそれ以上であることが確認された場合（ただし，120kgf/cm² [12N/mm²] 以上であること）。

この考え方はそれ以前の，JASS 5にもありましたが，安全を確認する方法を解説で示す等，より明確になり，現場で実際に採用できるように配慮されています。

これに対して，関連する建設省告示第110号は，昭和56年6月1日に第1102号，昭和63年7月26日に第1655号で改定され，現在の支柱の取り外しについては，

① 決められた材齢に達した場合。

② 構造体のコンクリート強度が120kgf/cm²以上でかつ取り外し後，著しい部材の変形やひびわれが発生しないことが，構造計算により確認された場合。

のようになっています。

JASS 5は，安全を確認して支保工を取り外すという一つの考えで統一されているのに対し，建設省告示では，材齢で管理する方法と，安全の確認で管理する方法の二本立になっているという違いはありますが，いずれにしても，構造計算で安全が確認できれば，支保工なり，支柱なりを取り外せるようになっています。

(1) 安全を確認する構造計算

　JASS 5に示されている，構造計算による管理の基本的な考え方は，"自重や施工荷重で構造体のコンクリートにひびわれが発生しないコンクリート強度を求め，コンクリート強度がそれ以上になったことを確認してから取外す"というものですから，ひびわれに対しては安全であるといえます。

　以前の考え方は，スパンの大きさや架構方法に関係なく，コンクリート強度や型枠支保工の存置日数で一律に規定していたわけですが（建設省告示ではこの考え方もまだ残っている），この計算によって解体に必要な強度を求めて管理する方法は，理論的に筋が通っています。

　すなわち，以前の方法は，部材が太かったり，スパンが短いところでは，過剰管理になっている一方，スパンが長い部分や小梁がかかっている大梁では施工荷重に対する強度不足からひびわれが発生するケースもありました。これに対して，早期解体をする場合の計算方法は，ひびわれを発生させないことをその目的にしているわけです。

　構造計算方法は，次のような考えで纏められています。
　①施工荷重を求め，計算によりその部材に働く最大縁応力を求める。
　②最大縁応力でも，コンクリートにひびわれが発生しない許容曲げ応力度が得られる圧縮強度を求める。

　実際の計算の仕方は，JASS 5を参照してください。

(2) 計算による存置期間決定方式のよいところ

　①応力チェックを躯体図作成以前にできるので，ひびわれ防止の対策がとれる。
　②事前に支保工の早期解体ができるように検討しておくことにより，急施工の場合に早く仕上げ工事にかかれるようになる。

等が，計算による決定方式のよいところです。

　計算には，乾燥収縮で発生する応力が考慮されていないところが少し気になりますが，この応力が働くころには，コンクリート強度が十分でており，早期解体を適用しない場合と，乾燥収縮ひびわれ発生については，たいした違いはないと思われます。

Question 56
ジャンカ（豆板）や空洞，沈みひびわれ防止は，どうすればよいですか？

Answer

(1) ジャンカ・空洞の防止

　前項のコールドジョイント防止のための締固め方法が，打足し部に限らず全体に実施されれば，ジャンカや空洞はほとんど発生しないわけですが，次のような部分（**図1**参照）は，バイブレーターでの締固めがやりにくいため，ジャンカや空洞ができやすいのであらかじめ締固め手順（方法，担当者など）を定めておくことが大切です。

　(1) 打込み高さが高い場合の柱・壁…吹抜けの柱，階高の高い倉庫など
　(2) 鉄筋が混み合っている部分………柱と梁の取合，開口補強部
　(3) 鉄筋のかぶりが少ない部分………SRC造の柱など
　(4) 空気が抜けにくい部分……………鉄骨梁下端，蓋付き開口部下端
　(5) 傾斜した面……………………………階段スラブ，斜め壁
　(6) 時間が経過した場合のコンクリートの打足し部分
　(7) コンクリートがずれやすい（逃げやすい）部分…階段，窓下の両際

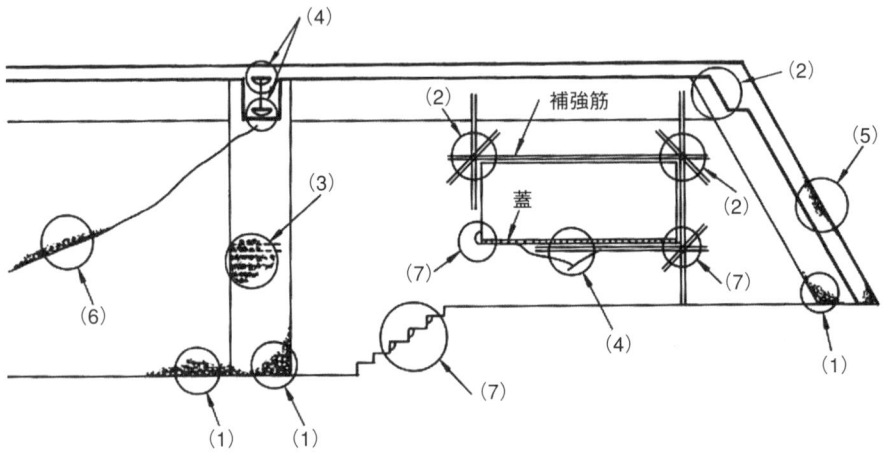

図1　ジャンカや空洞のできやすい部分

(2) 打設速さ

バイブレーターが届かない部分は，たたきかつつきによるしか，締固めの方法がないので，この部分は通常以上にたたきまたはつつきをする必要があります。そのためには打込み速度も合わせて遅くするとか，一旦コンクリート打設を止めて十分たたかせるなども必要になります。コンクリートの打込み速さを30㎥/hr以下とすることが望ましいとされるのは，スランプ18cmのコンクリートを前述の方法で締め固めながら打設をする限度が経験上およそ30㎥程度だからです。打込み速さが速くなればコンクリートを"流す"だけ"置く"だけに近くなり，締め固めながら打つというコンクリート打設の基本から外れる打ち方となります。

(3) 階高の高い建物の場合の打込み締固め

打設するコンクリートの種類，スランプ，落下高さ（階高）によって，どの程度の締固めが必要か，鉄筋のかぶり厚さやあき間隔はいくらとしなければいけないかは異なります。

階高が高い場合には，施工実験を行い，豆板ができない手順を求めることが理想です。また，階高が高い場合のコンクリートの打込み方法として，柱型枠中間部に穴をあけて打つ方法，ホースを挿入する方法，型枠バイブレーターを活用する方法などがあります。型枠バイブレーターを掛けすぎると，鉄筋の周囲のコンクリートが分離するので，経験がない場合は試験施工することをおすすめします。

(4) 空洞の防止

梁鉄骨下端の空洞は，**図4**のようにコンクリートを梁の片側から打込み，反対側からコンクリートが出て来るのを確認してから，両側から打込むようにすれば，ほとんど防止できます。

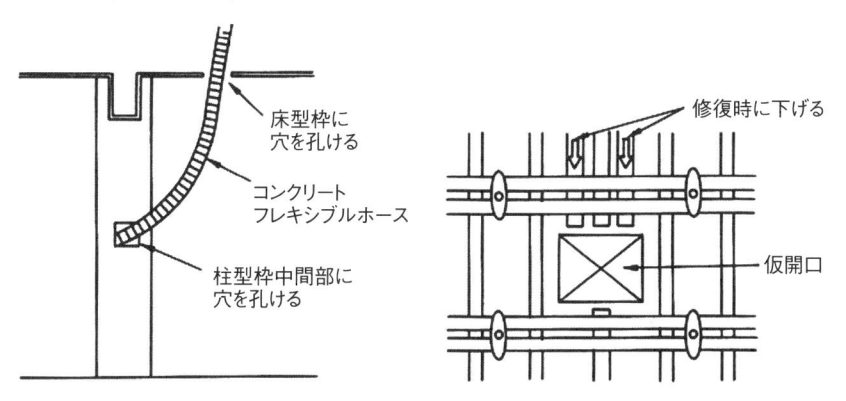

図2 中間に仮設開口を開ける方法

上のフランジの下端にできる空洞は，バイブレーターを十分に掛けて防止します。なお，実際に梁下にできた空洞を調査すると，梁の鉄筋がコンクリートの回りを阻害している例が多いようですから，梁筋の位置，鉄骨のかぶり寸法等につ

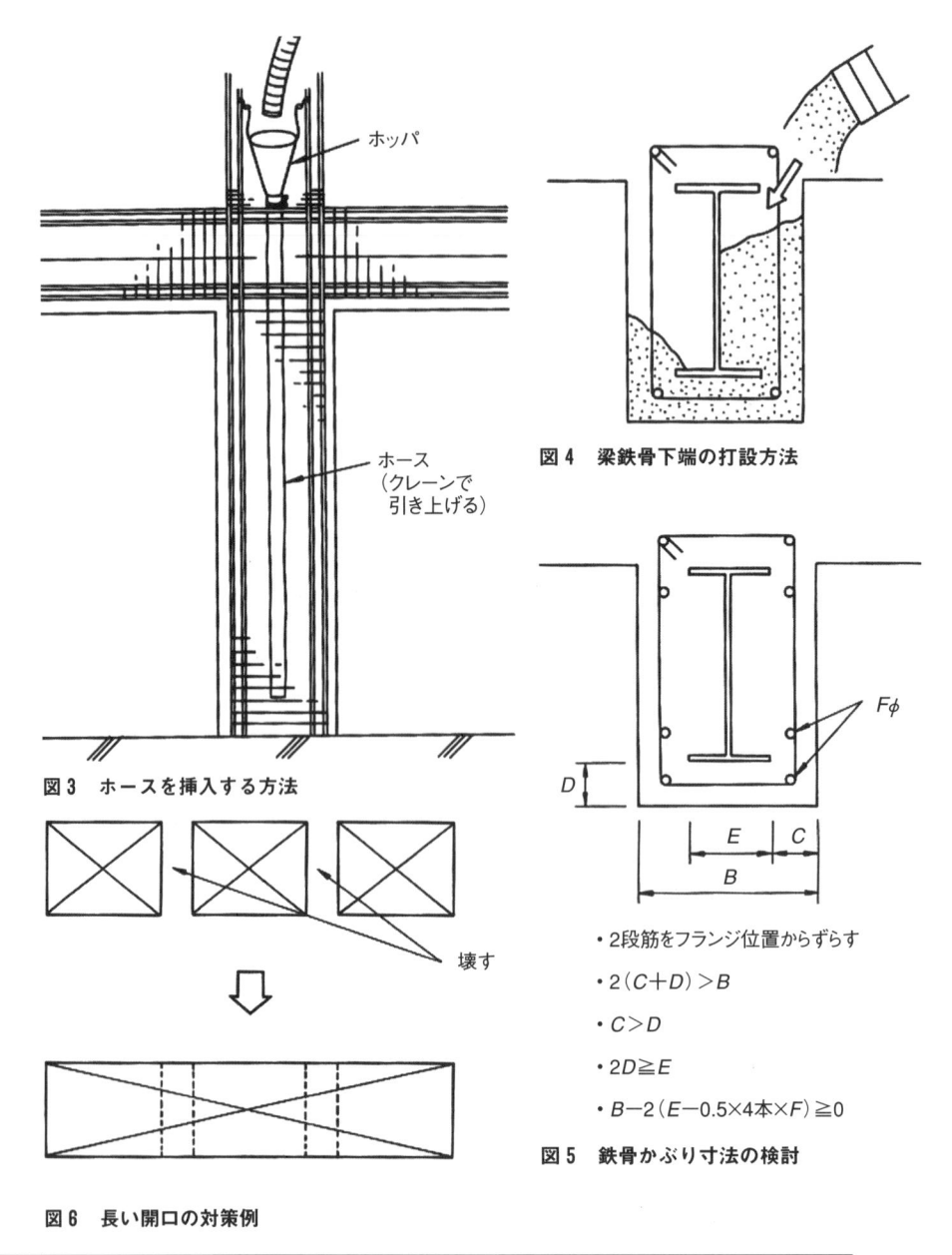

ホッパ

図4 梁鉄骨下端の打設方法

ホース
（クレーンで
引き上げる）

図3 ホースを挿入する方法

壊す

図6 長い開口の対策例

- 2段筋をフランジ位置からずらす
- $2(C+D) > B$
- $C > D$
- $2D \geqq E$
- $B - 2(E - 0.5 \times 4本 \times F) \geqq 0$

図5 鉄骨かぶり寸法の検討

いても図5のような検討をしておくのがよいでしょう。

蓋付き開口部下端の空洞は，蓋の下側の空気が抜けないために空気溜りができ，空洞となるものです。したがって，蓋に空気抜きの穴を明けて置くことによって防止できます。また，開口が横に長い場合は，蓋の一部を開けておき，そこからコンクリートを打込むようにするとか，図6のように開口を小割にしてコンクリートを打ち，硬化後に境のコンクリートを壊して一つにする方法もあります。

横に長い開口のとき注意したいのは，コンクリートの打設と締固めのタイミングで，打設が一段落した後で腰壁部分の締固めをすると回りの壁のコンクリートが回り込み，開口の隅部に空洞ができることがあります。特にスパンいっぱいの開口の場合は，この空洞が柱の中にできますから，打設と締固めは同時にする必要があります。

(5) 沈みひびわれ防止

前にも述べましたが，コンクリートにはブリーディングといって，内部の水が分離して上昇してくる性質があります。すなわち，水が上昇しそれ以外の物が沈下するわけです。

ブリーディングの量は1～2％とかなり大きいですから，梁部分と床部分を同時に打込んだり，鉄筋等がコンクリートの沈下を妨げると図7のような沈みひびわれが発生するおそれがあります。

これを防止する方法は，

① 柱・壁を打設後，1時間程度経ってから梁を打設する。さらに1時間程度経ってからスラブを打設する。
② 一気にコンクリートを打設した場合，コンクリート打込み後1時間程度以上経過してからタンピングを行う。
③ 同じく1時間後にバイブレーターによる再振動を行う。

などの方法と，これらの折衷方法があります。

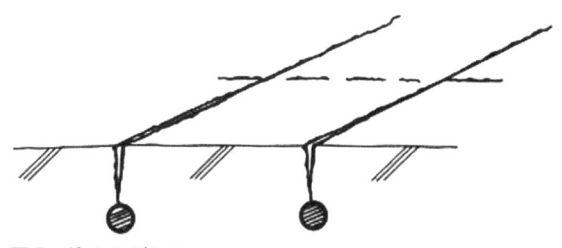

図7 沈みひびわれ

壁部分を再振動させると，先程述べた空洞ができる可能性が高くなりますから，バイブレーターでする再振動は梁と壁の上部に限るのが無難だと思います。

　なお，コールドジョイント防止も考慮して，スラブの下まで一気に打設し，1時間程度おいて梁を再振動させながらスラブを打設後，1時間おいてからタンピングをする①，②，③の折衷方法が最もよいと思います。

　コンクリートの直仕上げが通常おこなわれているために，タンピング作業は忘れられた存在になりつつありますが，壁の中の梁の上部や柱の上部，直仕上げをしない床の場合には，沈みひびわれがでますから，是非タンピングを行ってください。

　ブリーディングは沈みひびわれの原因になるだけでなく，横方向の鉄筋の下に空隙をつくり鉄筋とコンクリートの付着力を低下させます。地下外壁のセパレーター回りからよく漏水する例がありますが，これからも鉄筋の下端に空隙ができていることを推定できます。

　タンピングや再振動は沈みひびわれ防止のみではなく，鉄筋の周囲の隙間を少なくし，鉄筋とコンクリートの付着力を増すなど，鉄筋コンクリートの諸性能向上にも有効です。

　ただし，ブリーディングはコンクリートが持っている性質ですから，タンピングなどでその弊害を完全になくすことはできません。

ひびわれが発生してしまった後の処理

- **Q57** 仕上げ前に発生したひびわれは、どのように補修すればよいですか？
- **Q58** 誘発目地の位置がずれてしまいました。どのように直したらよいですか？
- **Q59** タイルの伸縮目地と躯体の誘発目地の位置がずれてしまいました。どう処置すればよいですか？
- **Q60** 外壁が吹付けタイル仕上げになっている場合、ひびわれの補修はどのようにするのですか？
- **Q61** 外壁がタイル張り仕上げの場合のひびわれ補修は、どのようにするのですか？
- **Q62** 梁やスラブのひびわれは、どのようにして補修するのですか？

Question 57
仕上げ前に発生したひびわれは、どのように補修すればよいですか？

Answer

　仕上げ前のひびわれ補修はひびわれ対策の一つといえます。

　効果があると思われる対策を実施した建物でも、多かれ少なかれ工事中にひびわれが発生しているものです。また対策が不十分の場合、次善の策として仕上げ前の補修によってカバーするというのも、ひびわれ対策上の一つの考え方です。

　事前の対策に自信があっても、また建物規模が小さくても、仕上げ直前、１週間位前には、コンクリート面にひびわれが発生していないかどうか調べることが大切です。

　この調査の目的は次の２つです。
①補修を必要とするひびわれが発生していないか。
②事前のひびわれ対策が有効であったか、不足していたか。

　ついでに、コールドジョイントの調査を行い、補修をしておきます。

(1) 補修が必要なひびわれの判定

対象としているひびわれ幅が小さいので，ひびわれ調査は，現在のところ目視によりひびわれを見つける方法がよいと思います。発見した一本のひびわれの中で最大と思われる部分のひびわれ幅をクラックスケールで測ります。補修の要否は，一つの考えとしてその最大幅によって**表1**のようにする方法が考えられます。

表1の弾性系吹付けタイルは，建築用塗膜防水材（JIS A 6021）に該当するものです。

図1　ひびわれの測定

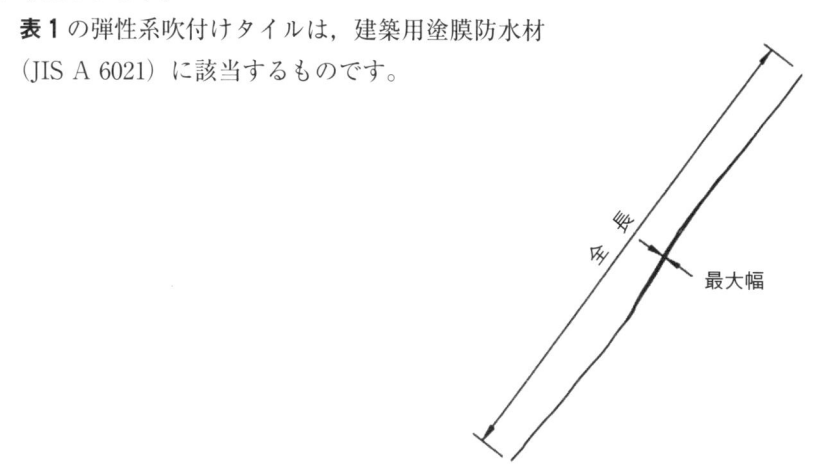

表1　補修対象とするひびわれ

打放し吹付けタイル仕上げの場合	最大幅が0.06mm以上のひびわれ全長
弾性系吹付けタイル，モルタル，石，タイル仕上げの場合	最大幅が0.2mm以上のひびわれ全長

(2) 事前対策が有効かどうかの判定

ひびわれ発生量の評価方法はいろいろあると思いますが，ここでは一つの考え方を紹介します。

上記の判定によって，補修を必要とするひびわれの総長さが求まりますので，それを開口部を除く外壁面積で割れば，m^2当たりのひびわれ発生量が求まります。その値が，$2.0 cm/m^2$以上の場合は事前の対策は不十分，以下であれば対策は

有効であったと判定します。2.0cm/m²という数値は，ある程度ひびわれ対策を実施した一般の建物のひびわれの平均値を採ったものです。

(3) ひびわれの補修方法

　乾燥収縮が進行中のコンクリートのひびわれに，エポキシ樹脂を注入して固定すると，他の部分にひびわれが再発する可能性があるので，エポキシ樹脂注入は，工事中のひびわれ補修には不適当です。図2のようにひびわれをシールして，ひびわれを隠し誘発目地のようにします。コールドジョイントの補修もひびわれと同じ要領です。

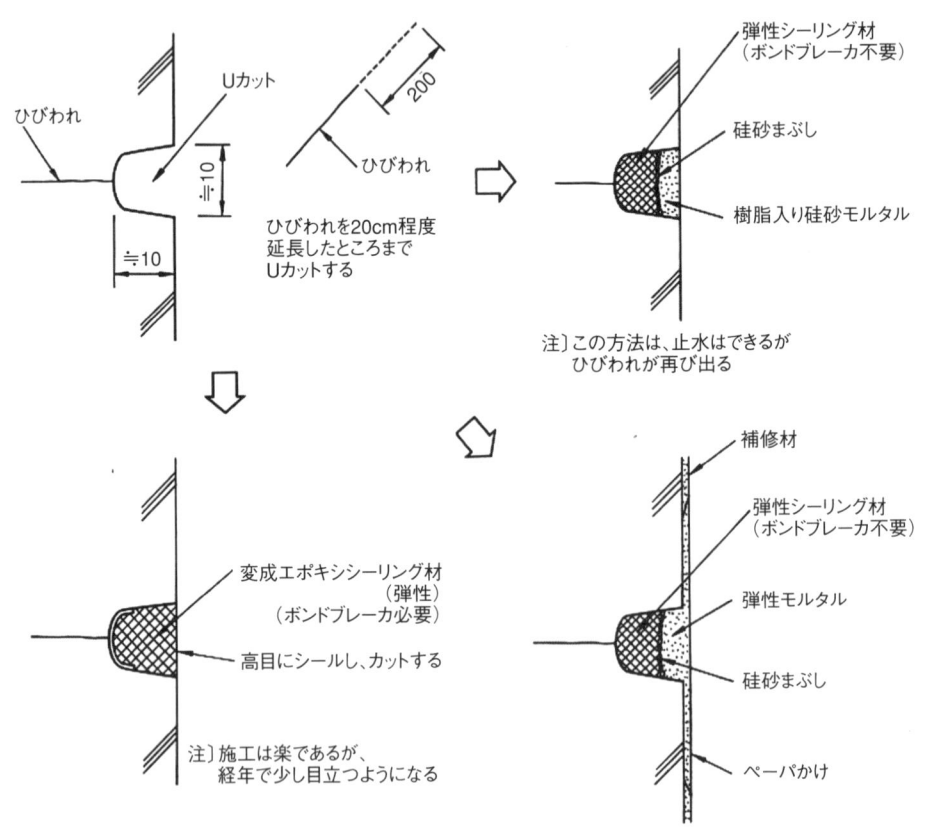

図2　ひびわれの補修方法

コールドジョイントの補修の要否は**表2**のようにします。
なお参考に豆板の補修要領を**付表1**に例示します。

表2　コールドジョイントの補修の要否

程度	補修要領
色違いはあるが，縁切れは認められないもの	直さない
ひどいコールドジョイント	Uカット，エポキシ樹脂注入，弾性シーリング材充填（専門業者）

付表1　豆板の補修要領

程度	補修要領
砂利は見えるが，たたいても落ちない。表面的なもの（表面豆板状態）。	1. 表面をワイヤブラシで清掃する 2. ポリマーセメントペーストを塗る 3. 追いかけてポリマーセメントモルタルを手で強く押し込む 4. 金こてで仕上げる
空洞となってはいないが，表面ばかりでなく内部もジャンカになっている。砂利をたたけば落ちるものがある（豆板状態）。	1. 豆板部分を斫りとる 2. 上記と同じ手順でモルタル補修する
鉄筋より奥まで空洞になっている，または，なっていると思われるもの。	健全な所まで斫りとって，型枠をしてコンクリートを打つ。または，専門業者による無収縮グラウト材の注入をする。

Question 58
誘発目地の位置がずれてしまいました。どのように直したらよいですか？

Answer

正しい位置に施工するのが基本ですが，ずれてしまったときは後で不具合がでないように補修することが大切です。誘発目地の補修方法が悪くて，その部分から漏水を起こしているという事例は案外多いものです。

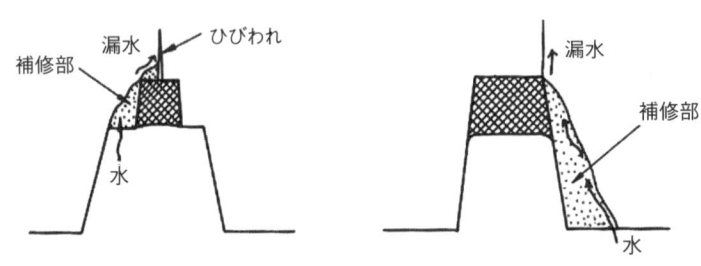

図1 補修部からの漏水例

図1のような場合，目地底にはひびわれが入ることを予測し，その部分のシーリングを優先し次のような補修をします。

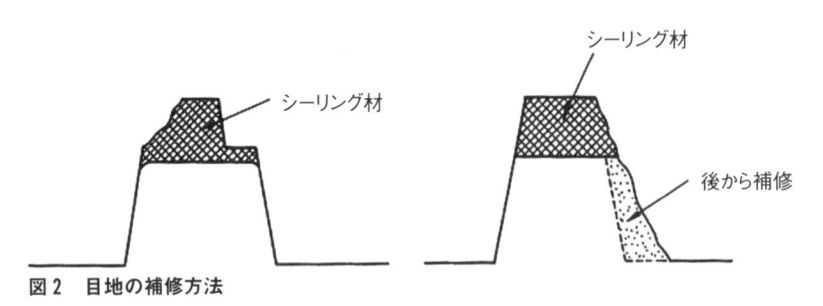

図2 目地の補修方法

通りがずれた場合も図3のように同様の注意が必要です。

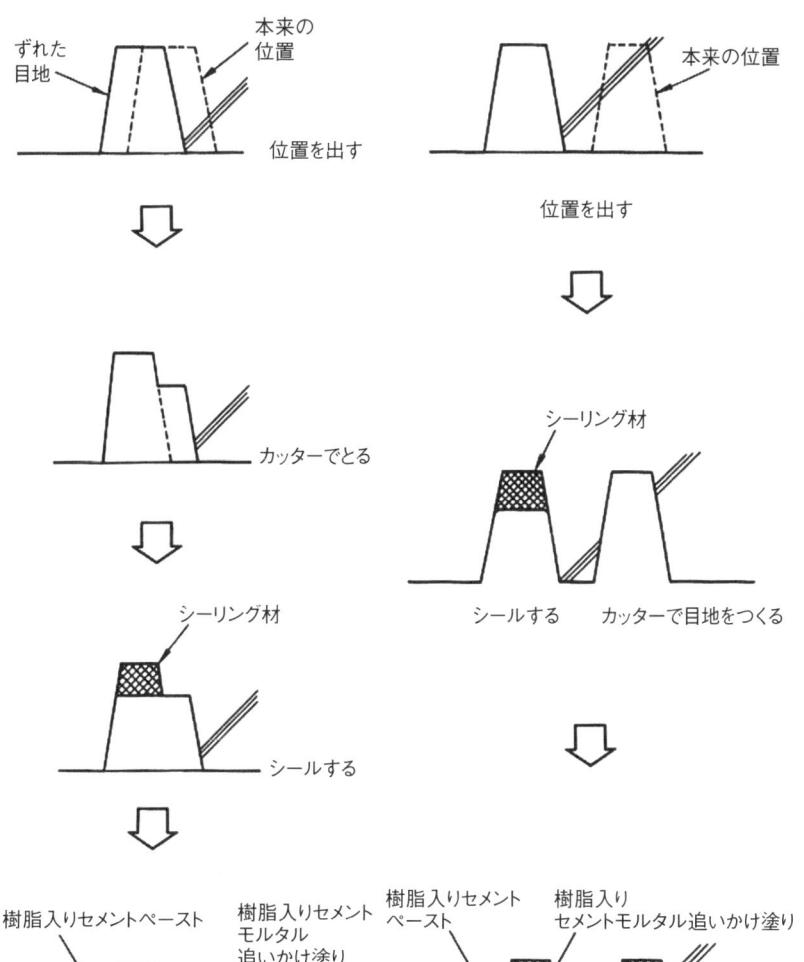

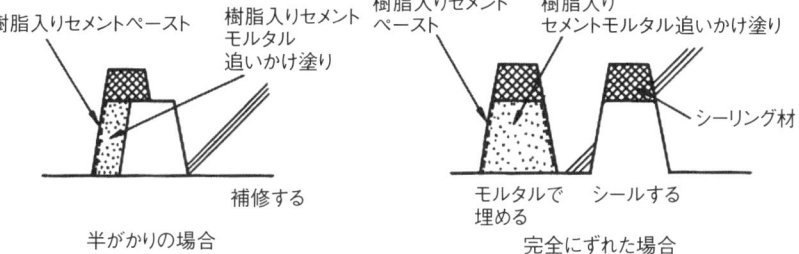

図3 通りがずれた場合の補修方法

樹脂は，アクリルエマルション系，ラテックス系等を用い樹脂混入量はメーカー仕様によります。

Question 59
タイルの伸縮目地と躯体の誘発目地の位置がずれてしまいました。どう処置すればよいですか？

Answer

　コンクリート躯体に張られたタイルは，躯体が割れれば，下地モルタルもろとも割れるか，剥離するかどちらかの運命にあるわけです。したがって，タイル張り仕上げの場合も，躯体の適正な位置に誘発目地を設け，タイルの伸縮目地をそれに一致させておくのが原則です。

　そのためにタイル割を早く決定して，タイル割に合う位置に誘発目地を計画しますが，施工誤差や間違いでタイルの伸縮目地と誘発目地が一致しなくなる場合があります。

　その場合の処置は，次の2つを考慮して行います。
　①タイルが剥がれない。
　②タイルが剥がれても落下しない。

　誘発目地部分はシールされていますから，漏水の心配が少ないので，タイルが割れることについては，ある程度目をつぶってしまいます。60mm以上ずれたときは，タイルが必ず割れると覚悟しなければならないと思います。タイルを割れなくするには，弾性接着材で軟接着する方法がありますが，目地を通常の目地材で充填するとやはりタイルが割れてしまいますから，目地も同様に弾性シール材を詰める必要があります。そのため，目地の感じが異なります。

　以下に示す具体的な例を参考にして，さらによい方法を考えて下さい。
　目地以外にひびわれが発生した場合にも，**Q57**のようにひびわれを補修し，以上の方法に準じて処置するのがよいでしょう。

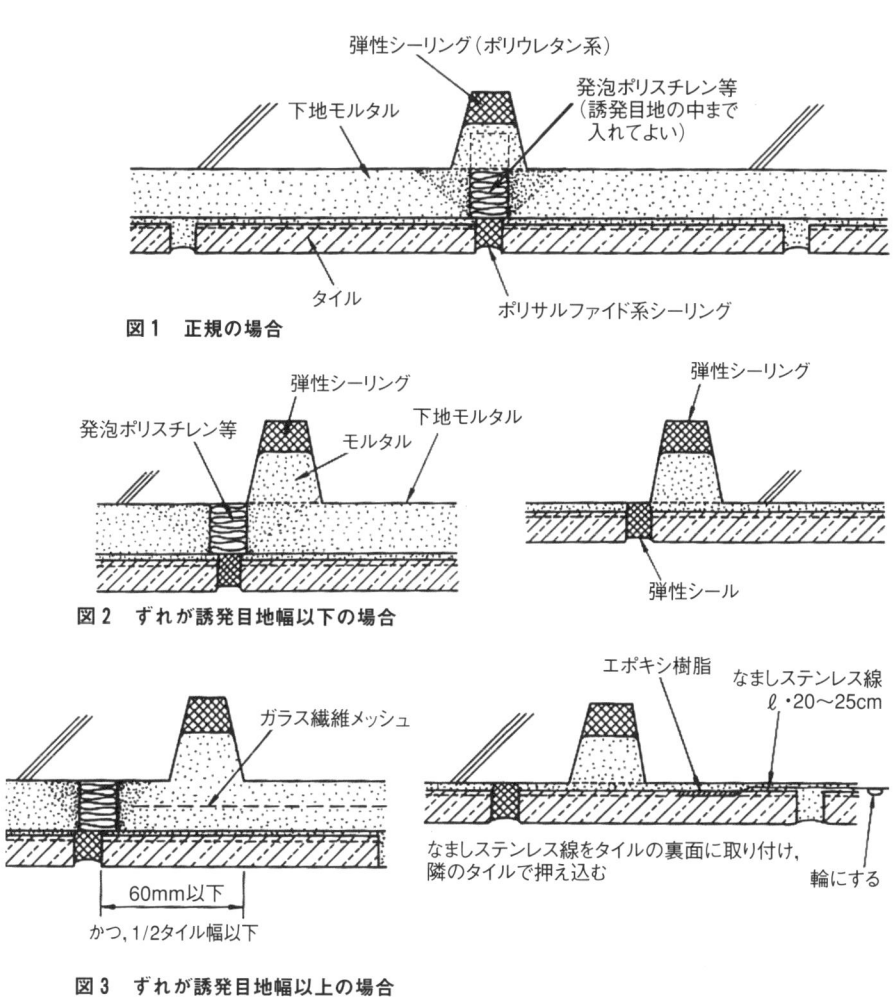

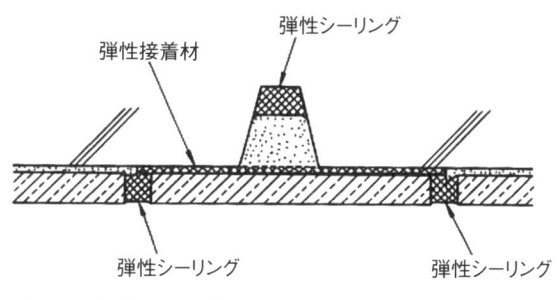

図1 正規の場合
- 弾性シーリング（ポリウレタン系）
- 発泡ポリスチレン等（誘発目地の中まで入れてよい）
- 下地モルタル
- タイル
- ポリサルファイド系シーリング

図2 ずれが誘発目地幅以下の場合
- 発泡ポリスチレン等
- 弾性シーリング
- モルタル
- 下地モルタル
- 弾性シーリング
- 弾性シール

図3 ずれが誘発目地幅以上の場合
- ガラス繊維メッシュ
- 60mm以下 かつ、1/2タイル幅以下
- エポキシ樹脂
- なましステンレス線 ℓ・20〜25cm
- なましステンレス線をタイルの裏面に取り付け、隣のタイルで押え込む
- 輪にする

図4 軟接着にする方法
- 弾性接着材
- 弾性シーリング
- 弾性シーリング
- 弾性シーリング

ひびわれが発生してしまった後の処置

Question 60
外壁が吹付けタイル仕上げになっている場合，ひびわれの補修はどのようにするのですか？

Answer

吹付けタイル仕上げの場合のひびわれ補修は，
① ひびわれの再発を防止する。
② ひびわれからの漏水を防止する。
③ 補修跡を目立たないようにする。
の三つがポイントになります。

ひびわれの再発を防止しかつ止水する方法は，躯体の材齢によって異なります。

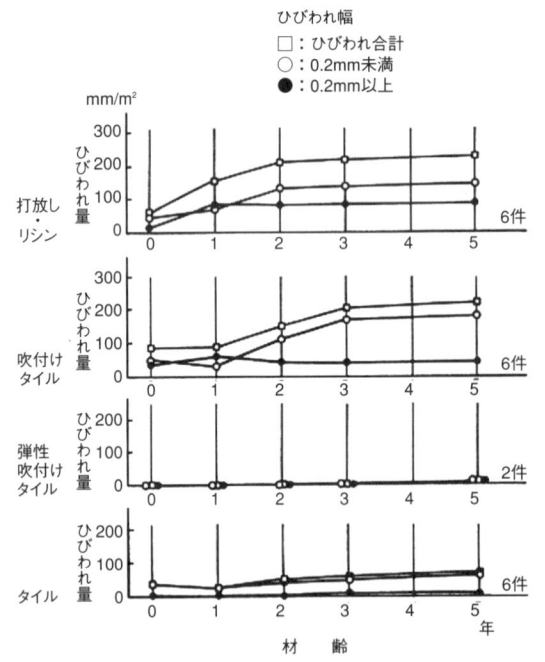

図1 コンクリート外壁の面積当たりのひびわれ長さの推移（夏打設）

材齢が若いときは，収縮が進行中ですから，**Q57**に述べたように，ひびわれ部分が誘発目地の役をするように，弾性のある材料でシールし，他の部分にひびわれが発生するのを防止します。十分に時間が経過し，収縮がほぼ完了している場合は，ひびわれ部分にエポキシ樹脂を注入して止水と固定をしてもよいでしょう。

図1，**2**は経年によるひびわれの増加を追跡調査したものです。これによれば，弾性シールにするか否かは材齢4年を目安にすればよいことがわかります。

なお，**図1**，**図2**はコンクリート打設時期によるひびわれ発生量を比較するものではありません。建物のひびわれ発生のしやすさの違いから，たまたまこのようになっていますが，解析の結果では，打設時期は有意となりませんでした。

補修跡を目立たないようにするには**図3**のようにします。もちろん目地で囲まれる1区画の既存の吹付けタイルを全部剥がして，ひびわれ補修をして吹付け直せば補修跡がほとんどわからなくなります。

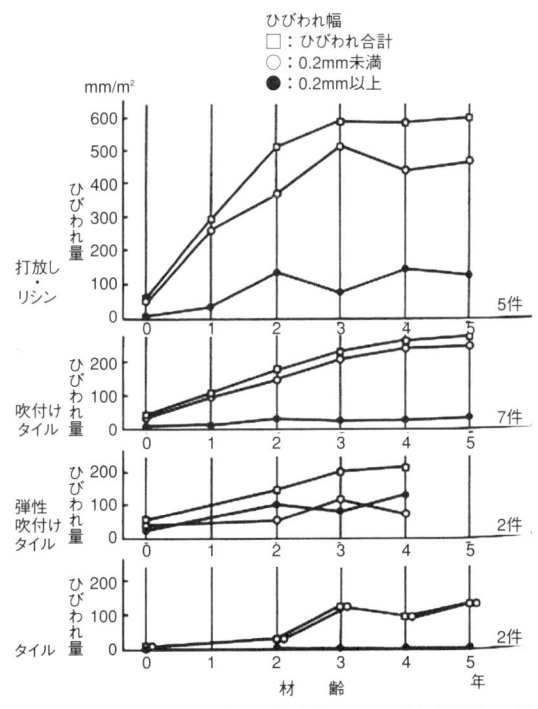

図2　コンクリート外壁の面積当たりのひびわれ長さの推移（冬打設）

①ひびわれに沿って吹付けタイルを幅100mm程度サンダー等で除去する。
②**Q57**によってひびわれを補修するか，材齢が十分であれば，ひびわれにエポキシ樹脂を注入する。
③清掃，プライマー塗布後，吹付けタイルの主材を幅100mmのところに重点的に吹付ける。
④見きりのよい範囲にトップコートを吹付ける。

　補修に用いるトップコートの色は，現状に合わせるのではなく，新築時の色に合わせるのがよいと思います。現状に合わせると，いわゆる焼けにより変色し，短期間で黒ずみ既存にまったく合わなくなります。

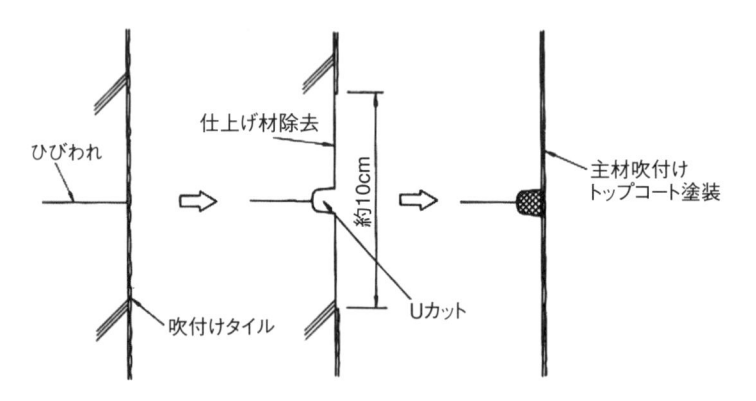

図3　吹付けタイルのひびわれ補修方法

Question 61
外壁がタイル張り仕上げの場合のひびわれ補修は，どのようにするのですか？

Answer

　ひびわれたタイルは通常張り替えることになりますから，新築工事時に同じタイルを予備として施主に渡し，保管しておいてもらう必要があります。さもないと，タイルの発色は微妙なので後で同じ色のものを焼くのが難しく，張り替えたところが目立つことが多々あります。

　なお，貫入（釉薬のひびわれ）程度の細いひびわれの場合は，直さない方がよいと思われます。

(1) タイルが浮いていない場合

　ひびわれから漏水がある場合は下地のコンクリートから，漏水がない場合にはタイルのみ補修します。

1. 漏水がある場合

　　a．コンクリートの乾燥収縮が継続中と予想される場合
　　　①ひびわれ部のタイル除去
　　　②ひびわれ部のモルタル除去
　　　③コンクリートのひびわれ部Uカット
　　　④清掃，プライマー塗り
　　　⑤弾性シーリング材充填
　　　⑥下地モルタル塗り
　　　⑦タイル張り

　タイル張りにモルタルを使うと，タイル面に再度ひびわれが発生します。

　ひびわれを発生させないためには，タイルを弾性材料で接着し，目地にも弾性材料を使用する必要があります。

　　b．下地が安定状態にあり，動きがないと予想される場合
　　　aの③〜④の代りに，ひびわれ部分にエポキシ樹脂を注入します。その手順は，

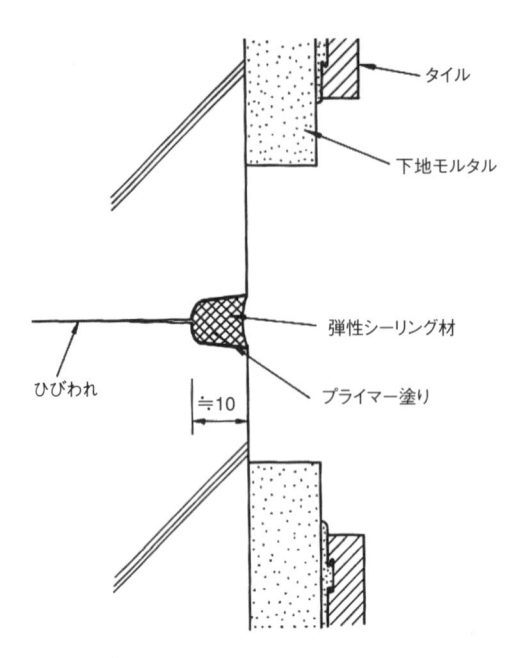

図1 Uカットシール

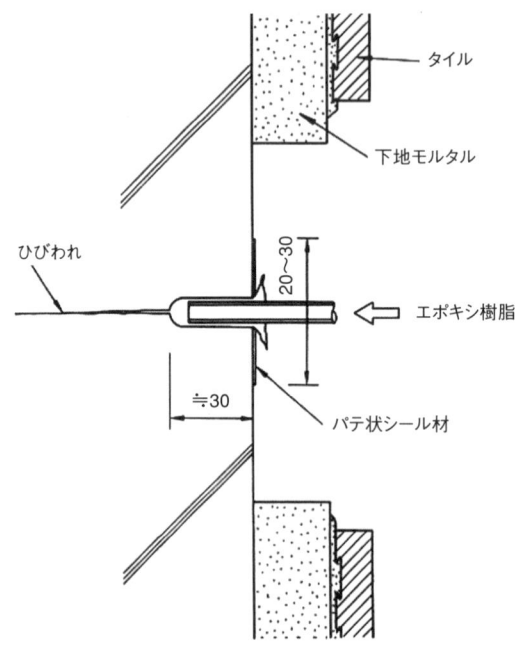

図2 エポキシ樹脂注入

① ひびわれに沿って幅30～50mmの部分をワイヤブラシで清掃する。
② パテ状シール材でひびわれ表面を20～30mm幅でシールする。
③ 硬化後，ひびわれ部に深さ30mm程度の注入口を150～200mm間隔にあける。
④ 注入口清掃の後，グリース状の粘度のエポキシ樹脂（JIS A 6024）を注入する。
⑤ 注入口を塞ぐ。

　この場合は，下地が動かないので，通常の方法でタイルを張っても，ひびわれは再発しにくくなります。

2. 漏水がない場合

この場合は，タイルのひびわれ補修が主目的になるので，タイルのみを剥がして，弾性材料でタイルを張り直します。また，弾性材料で目地詰めを行います。

(2) タイルが浮いている場合

この場合は一般に，浮きが著しく，施工後かなりの年数を経過していますから，浮いている部分のタイルおよびモルタルを除去して，下地のコンクリートのひびわれの有無を調査します。ひびわれがある場合は，(1).

図3 タイルのみ張り替え

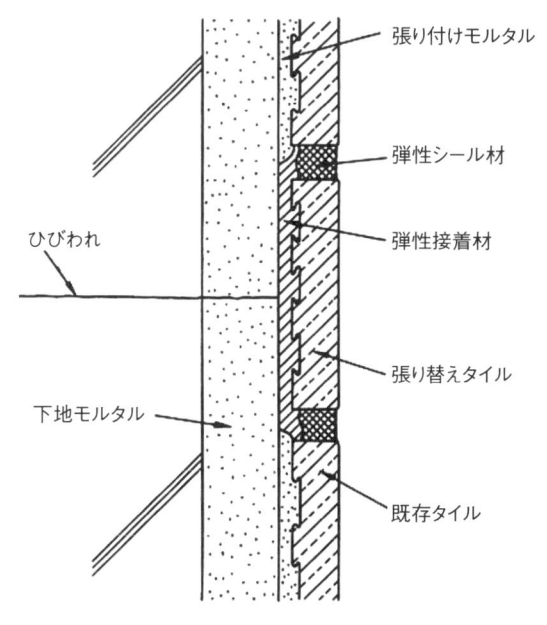

1．b．の方法でエポキシ樹脂注入を行い，モルタル下地を塗り直し，タイルを張ります。ひびわれがない場合は，モルタル下地を塗り直し，タイルを張ります。

浮きの原因が，伸縮目地の不足である場合は，張り直した部分と既存部分の取り合いの目地は，弾性シール材を充填します。

ひびわれが発生してしまった後の処置

Question 62
梁やスラブのひびわれは，どのようにして補修するのですか？

Answer

　梁やスラブのひびわれは，漏水と関係が少ないので，ひびわれ補修の必要性が生じるのは，マンション等でコンクリート床版下面に，クロスを張った天井の場合以外は，耐久性上または，構造上の理由によることが多いようです。

(1) 補修を必要とするひびわれ幅

　耐久性上補修が必要なひびわれ幅は0.3mm以上と言われていますから，0.2mm以上のひびわれについて補修をすれば問題はないと考えられます。

　構造上についてはコンクリートは圧縮またはせん断に働く材料ですから，せん断ひびわれまたはせん断で割れる方向に発生した乾燥収縮ひびわれは直す方がよいと考えられますが，引張り側のひびわれは補修の必要はありません。ただし，スラブなどがひびわれのために剛性が低下し，振動障害が起きている場合などは，引張り側のひびわれも直す必要が生じます。

　構造上補修の必要が生じた場合は，補修対象となるひびわれ幅の最小限度を一概に決めることはできませんが，補修技術の面から0.1mm程度が限界になると考えられます。

　一般に構造上ひびわれが問題になる場合は，もともと構造体に問題があってひびわれが生じることが多いので，通常はひびわれの補修のみでなく，補強の必要が生じます。

　最近のマンションでは，リビングルームに床暖房を採用しているため，床のコンクリートの乾燥が促進され，ひびわれが発生しやすくなっているようです。さらに，床暖房のON，OFFによるひびわれ幅の変動で，スラブ下面に張ったクロスが破断する事例が，特に多くなっています。この場合は，見栄え上からかなり細いひびわれでも，直す必要が生じます。

（2）補修方法

耐久性確保，構造補強を目的としたひびわれ補修の方法は大別すると次の7種類になります。

工法の種類	図	特徴
（1）表面処理工法		ひびわれに沿ってコンクリート表面に被膜を設ける工法 ・構造的強度は回復しない。 ・意匠的に問題のない場所でないと使えない。
（2）充填・注入工法		充填工法：止水を目的とする場合に用いられる。 注入工法：ひびわれ内部に樹脂またはセメントスラリーを注入する工法。最近は，注入剤，注入工法が各種開発されており，活用範囲が広がっている。
（3）鋼製アンカー工法 （かすがい工法）		かすがい型のアンカーをひびわれをまたぐように取付け，ひびわれを縫い合わせるもの。主として補強を兼ねた目的で用いられる。
（4）PC鋼材の配置工法		ひびわれを直角に締付けるようにPC鋼材を配置し，これを緊張する工法。 　PC鋼材用の孔はコアボーリングであける。他に部材の外に取付ける工法もある。

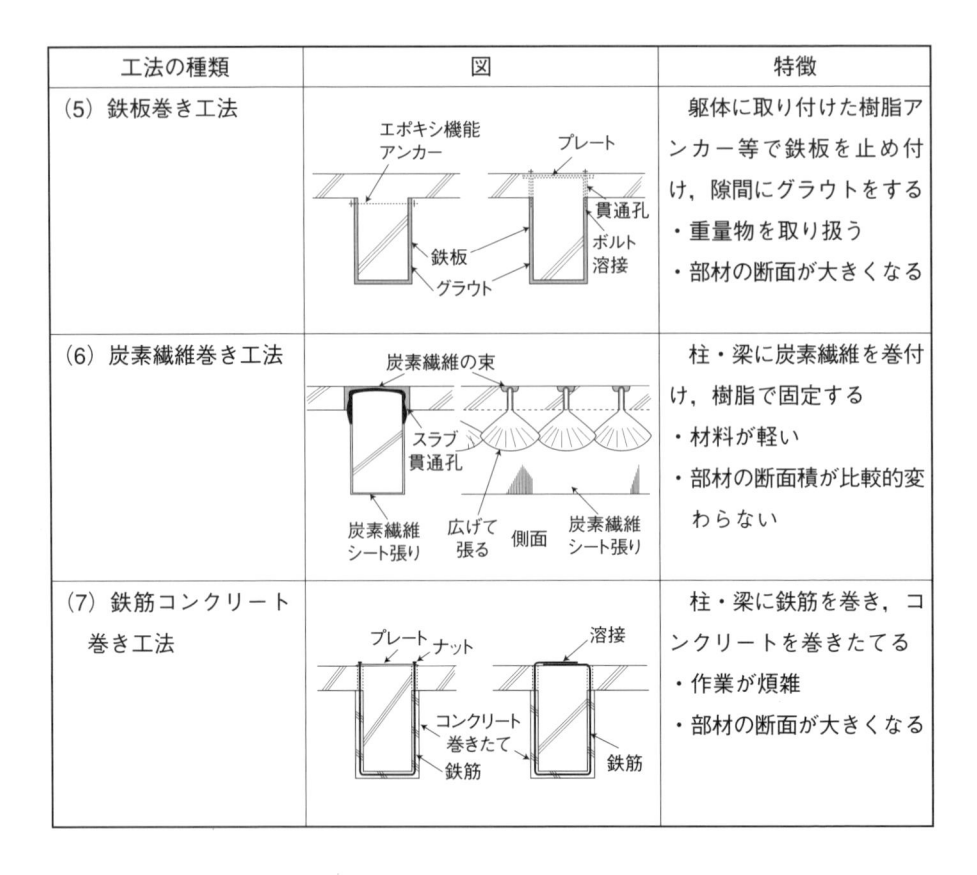

工法の種類	図	特徴
(5) 鉄板巻き工法	エポキシ機能アンカー／プレート／貫通孔／鉄板／ボルト溶接／グラウト	躯体に取り付けた樹脂アンカー等で鉄板を止め付け，隙間にグラウトをする ・重量物を取り扱う ・部材の断面が大きくなる
(6) 炭素繊維巻き工法	炭素繊維の束／スラブ貫通孔／炭素繊維シート張り／広げて張る／側面／炭素繊維シート張り	柱・梁に炭素繊維を巻付け，樹脂で固定する ・材料が軽い ・部材の断面積が比較的変わらない
(7) 鉄筋コンクリート巻き工法	プレート／ナット／溶接／コンクリート巻きたて／鉄筋／鉄筋	柱・梁に鉄筋を巻き，コンクリートを巻きたてる ・作業が煩雑 ・部材の断面が大きくなる

【参考文献】

- 日本建築学会：鉄筋コンクリート造のひびわれ対策（設計・施工）指針案・同解説，1978. 2. 15
- 建設大臣官房技術調査室，財団法人国土開発技術研究センター建築物耐久性向上技術普及委員会：建築物の耐久性向上技術シリーズ　建築構造編Ⅰ　鉄筋コンクリート造建築物の耐久性向上技術，1986. 6. 25
- 長滝重義・米倉亜州夫：コンクリートの乾燥収縮およびクリープの機構に関する考察，コンクリート工学論文，No.82.12-1

岡田 哲（おかだ あきら）

昭和42年早稲田大学理工学部建築学科卒業
同年清水建設株式会社入社
現場を経験した後、昭和49年同社建築技術部
平成9年同社建築本部技術部長
平成11年同社建築本部主査
この間、社内技術標準類の作成・編集、技術コンサルタント、施工系技術社員教育、現場の巡回技術指導等を担当
平成14年清水建設株式会社退社
同年、株式会社リクルートコスモス統括部専任部長
マンション施工の品質確保の活動を立上げ・実施・推進、技術指導、技術資料作成・整理・活用システム構築等を行う
平成16年同社退社

建築技術のQ&A対策シリーズ①
よくわかる「コンクリート建物のひびわれ」

2003年 6 月30日第一版
2004年 5 月31日第二版
2006年 1 月31日第三版
2008年 2 月29日第四版

著者	岡田哲
発行者	橘戸幹彦
発行所	株式会社建築技術
	〒101-0061東京都千代田区三崎町3-10-4千代田ビル
	TEL：03-3222-5951，FAX：03-3222-5957
	振替口座：00100-7-72417
装幀	赤崎正一
DTP＋図版作製	株式会社Flair
印刷・製本	三報社印刷株式会社

落丁・乱丁本はお取り替えいたします。
ISBN978-4-7677-0097-7 ©Akira Okada　2003